2013
中国保险公司竞争力评价研究报告

寇业富 主 编

陈 辉 张 宁 郑苏晋 周县华 副主编

中国财政经济出版社

图书在版编目(CIP)数据

2013 中国保险公司竞争力评价研究报告 / 寇业富主编 . —北京:中国财政经济出版社,2013. 9

ISBN 978 - 7 - 5095 - 4739 - 7

Ⅰ. ①2… Ⅱ. ①寇… Ⅲ. ①保险公司 - 竞争力 - 研究报告 - 中国 - 2013 Ⅳ. ①F842. 3

中国版本图书馆 CIP 数据核字(2013)第 189382 号

责任编辑:付克华　　责任校对:徐艳丽

封面设计:李俊良　　版式设计:兰　波

中国财政经济出版社 出版

URL: http: //www. cfeph. cn

E - mail: cfeph @ cfeph. cn

社址: 北京市海淀区阜成路甲 28 号　邮政编码: 100142

营销中心电话: 88190406　北京财经书店电话: 64033436　84041336

北京中兴印刷有限公司印刷　各地新华书店经销

787 × 1092 毫米　16 开　12 印张　190 000 字

2013 年 9 月第 1 版　2013 年 9 月北京第 1 次印刷

定价: 100. 00 元

ISBN 978 - 7 - 5095 - 4739 - 7/F · 3831

(图书出现印装问题，本社负责调换)

本社质量投诉电话: 010- 88190744

反盗版举报热线: 88190492、88190446

前 言 Foreword

本报告是我们关于保险公司竞争力评价研究的第三个连续年度的工作。随着中国的改革开放，特别是加入“WTO”十多年来，无论是规模数量还是发展质量，中国保险业都取得了快速发展，这就为保险公司竞争力的评价研究产生了客观需求。

“保险公司竞争力评价研究”是一个敏感的话题。我们从一开始就抱着谦虚谨慎、兢兢业业的精神对待这项工作。值得欣慰的是，三年多来，在中央财大和中国精算研究院的大力支持下，在课题组成员的团结奋斗下，我们坚持了一开始就设定的原则。在这里我愿意重申这些原则：公开、客观、科学。

所谓“公开”，就是指标体系、数据来源、评价方法等全部公开或者来源于公开渠道。在这里我们不能不提到，中国保险监督管理委员会于2010年6月12日正式颁布实施的《保险公司信息披露管理办法》为我们的研究提供了主要和关键的数据支持。

所谓“客观”，既是指评价的结果要客观，也是指评价的过程和目标要客观。即在评价过程中，尽量避免或者减少人为主观因素的干扰。

所谓“科学”，即是指评价方法的科学。在有可能使用定量分析的地方，尽量使用定量分析。当然我们并不是说定性分析就不科学。以后随着经济的发展和我们经验的积累，定性分析和定量分析相结合也许是一个更好的评价方法。

2013年的“中国保险公司竞争力评价研究报告”与前两年的大的章节结构一致。

本报告尤其值得关注的是：

1. 我们在报告的第四章和第五章分别增加了一节，对人身险综合竞争力和财产险公司综合竞争力的评价结果进行了稳健性检验。在运用主成分分析方法进行保险公司竞争力评价排名时，稳健性检验至关重要。这是证明评价结果具有科学性与客观性的检验，也是“保险公司竞争力评价研究”课题组的一个创新性应用研究成果。我们也从逻辑上完善了“保险公司竞争力评价报告”，增强了评价结果的科学性和说服力。

这是相关研究的一个重要创新，也将是我们研究报告的一个鲜明特色。

2. 我们在第二章专门对2013年保险公司信息披露报告数据的完整性等进行了质量分析。这也从内容上完善了保险公司竞争力评价的数据基础。

3. 建立了校外专家咨询委员会，为“保险公司竞争力评价研究”课题组提供咨询、指导和帮助；并为明年定性和定量相结合进行保险公司竞争力的评价工作提供指导和支持。

本报告主要包括以下内容：

第一章，介绍中国保险市场的发展概况。分别从中国保险业发展的宏观经济环境、我国保险业的发展情况分析、人身险保险市场发展、财产险保险市场等几个方面对中国保险业的发展情况作了介绍。

第二章，对《保险公司信息披露实施办法》的内容、程序，以及各个保险公司披露的具体情况等进行了分析。此办法的实施和保险公司的信息披露，为我们进行保险公司竞争力评价研究打下了良好的基础，基本满足了我们进行相关研究的数据要求。

第三章，首先给出了保险公司竞争力的定义；然后在分析国内外相关研究的基础上，我们选择主成分分析方法进行竞争力研究，并对主成分分析方法的内容、步骤等作了介绍；最后对保险公司竞争力的评价体系的原则、内容等作了简单介绍。

第四章，给出了人身险公司竞争力的评价得分和排名。

本章共分三节。第一节主要阐明了人身险公司竞争力评价的指标内容、定义和计算方法，并对研究对象的选择进行了说明；第二节给出了47家人身险公司的综合竞争力，以及5个一级指标竞争力的评价得分与排名；并通过分析一级指标排名前十公司的排名与得分，以及各二级指标排名前十公司的得分对整个保险市场进行了分析；第三节，运用现代多元统计分析方法，对人身险公司综合竞争力的评价结果进行了稳健性分析。我们从公司和指标两个角度对课题组的评价结果进行了检验，证明我们的评价结果是稳健的。

第五章，给出了财产险公司竞争力的评价得分和排名。本章共分三节。第一节对财产险公司竞争力评价的指标内容、定义、计算方法和研究对象等进行了说明；第二节得出了47家财产险公司的综合竞争力、以及五个一级指标的评价得分与排名，并对结果作了分析；并通过分析一级指标排名前十的公司的排名与得分，以及各二级指标排名前十公司的得分对整个保险市场进行了分析；第三节，运用现代多元统计分析方法，对财产险公司综合竞争力的评价结果进行了稳健性分析。我们从公司和指标两个角度对课题组的评价结果进行了检验，证明我们的评价结果是稳健的。

本报告指标的设计定义、报告的布局结构等都是由寇业富、陈辉、张宁等课题组成员讨论后确定的。寇业富负责整篇报告的中文编撰。陈辉负责第一章的编撰工作；张宁负责第二章的编撰工作；寇业富、郑苏晋负责第三章的编撰工作；寇业富负责第四章的编撰工作；寇业富负责第五章的编撰工作。

特别说明：

1. 本研究分析尽量采用可获得的披露数据进行分析，并根据实质重于形式的原则，对发现个别公司披露数据存在错误或异样的年报信息进行调整或者在涉及该指标时进行批注说明。

2. 本研究分析采用的数据皆来源于已公开的资料或课题组成员的个人分析，但我们不保证上述信息的完整与准确性，中国精算研究院不因使用本报告而产生的一切后果承担责任，只以此作为学术研究以及学界和业界的信息交流与参考。同时本研究分析为课题组成员的个人观点，并不代表中国精算研究院的观点。有关问题的来源、讨论或争议，请使用电话或电子邮件的方式与我方联系。

联系方式：kouyefu@163.com；（010）62288159－802

中央财经大学中国精算研究院保险数据文献中心主任

“保险公司竞争力评价研究”课题组组长

寇业富

2013 年 7 月 30 日

序一 Preface

随着改革开放和市场化建设，中国的经济取得了举世瞩目的快速发展。近三十几年来，特别是中国加入“WTO”十多年来，中国的保险业和其他对外开放的行业一样，虽然经过了困惑、坎坷、迷茫，但是无可否认，也收获了丰硕的成果。

十二年前，当中国政府决定首先开放保险市场的时候，“狼来了”、如何“与狼共舞”、甚至是关于“狮子”与“羚羊”的话题言犹在耳；加入“WTO”十二年后的今天，我们欣喜的看到，不但中国的保险业和保险公司已经取得飞速发展，而且越来越得到国内外投资者的关注，以及学界、政府等相关部门的大力支持和帮助。

随着我国保险业的快速发展以及国际化进程的不断推进，对规模数量的重视逐渐让位于对发展质量的青睐。因此，为了更好地提高保险业的发展质量和技术水平，促进保险业的可持续发展及国际化进程，中央财经大学中国精算研究院组织了高水平的科研团队，对保险公司竞争力进行评价研究。我们认为这项研究不但能够增强对中国保险业的认识、提高保险公司的竞争实力和国际化水平，而且在金融危机、经济危机的国际经济大环境下，具有特别重要的现实意义。

经过中央财经大学中国精算研究院课题组的勤奋努力，《中国保险公司竞争力评价研究报告》不断得到改善和加强，既锻炼了一个科研小组，又促进了保险业的科研水平，提高了保险公司的认识水平，并取得了很好的社会效益。课题组的研究报告和相关成果出版发表后，得到了人民网、中国经济网、中国保险学会网、金融界、和讯网、凤凰网、中国金融网以及人民日报、中国邮政报等各种媒体全文或者节选，引起了社会、业界、学界和政府相关部门的广泛、积极的反响，完全达到了学校对此项工作的严格要求。我们也将欣慰地看到《2013 中国保险公司竞争力评价研究报告》的正式出版和业界的积极反响。

在这里不得不提的是，这项研究既是一个敏感性极强的问题，又是一个对保险公司和保险业的稳定可持续发展具有现实指导意义的问题。此报告的出炉，是一个大胆而又谨慎的尝试，必然存在这样那样的不足。但是我们相信，经过学校的大力支持、科研团队的努力和经验的积累，这项工作会越做越好，为保险公司竞争力的提高和保险业的发展发挥越来越重要的作用。

中央财经大学副校长

2013 年 8 月 20 日

序二 Preface

中国精算研究院成立于2003年，是保险精算领域中唯一一所教育部人文社会科学重点研究基地（以下简称“重点研究基地”）。

在过去几年的发展中，中国精算研究院在教育部和中央财经大学领导的关怀、指导下，锐意进取，勇于创新，在教学、科研和社会服务等各个方面已经奠定了扎实的基础并取得长足进步，在国内外享有声誉。

根据教育部《普通高等学校人文社会科学重点研究基地管理办法》的要求，重点研究基地应该聚集和培养优秀学术人才，围绕国家发展战略，针对学科前沿和社会经济发展中的重大理论与实践问题，组织高水平的新型科研团队，在产出创新成果、形成学术交流开放平台、带动高校哲学社会科学发展创新等方面发挥着重要作用。

随着中国保险市场经营主体和业务规模的快速发展，提高保险业的竞争质量、实现规模效益的长期可持续发展就成为了保险业界、学界和政府监管部门的关注焦点。同时，也是为了更好地发挥重点研究基地的作用，中央财经大学中国精算研究院于2010年8月成立了“保险公司竞争力评价研究”课题组。

到今年课题组已经勤奋工作三年多，分别出版了《2011中国保险公司竞争力评价研究报告》和《2012中国保险公司竞争力评价研究报告》，并很快出版《2013中国保险公司竞争力评价研究报告》。

在这里，我愿意重申在课题组成立之初，就坚持的研究原则：即坚持“公开、客观、科学”的原则，进行中国保险公司竞争力的评价研究。

所谓“公开”就是指标体系、数据来源、评价方法等全部公开或者来源于公开渠道。在这里我们不能不提到，中国保险监督管理委员会于2010年6月12日正式颁布实施的《保险公司信息披露管理办法》为我们的研究提供了主要和关键的数据支持。

所谓“客观”既是指评价的结果要客观，也是指评价的过程和目标要客观。即在评价过程中，尽量避免或者减少人为主观因素的干扰。

所谓“科学”即是指评价方法的科学。在有可能使用定量分析的地方，尽量使用定量分析。当然我们并不是说定性分析就不科学。

值得欣慰的是，“中国保险公司竞争力评价研究”课题组始终一致地秉持了这一原则。当然，这些原则，并不反对我们在研究指标和方法上的不断改进。事实上，我们从2014年开始，有可能采用定性分析和定量分析相结合的评价方法，进行保险公司竞争力的评价研究工作；另一方面，为了增强保险公司的竞争力，提高保险业的竞争质量和技术水平，我们也不排除对保险业其他研究领域继续拓展研究，提高重点研究基地的学术价值和社会地位。

当然，对于保险公司竞争力的评价结果，我们自己也认为有不尽如人意的地方。但是我们相信，在教育部和中央财经大学的大力支持下，在业界、学界和保险监督管理委员会等政府部门的关怀下，在我们自己的努力下，《中国保险公司竞争力评价研究报告》会越来越好，会为保险业的发展和保险公司竞争力的提高发挥重要的作用，谢谢！

中央财经大学中国精算研究院院长

2013年8月23日

“保险公司竞争力评价研究”

专家咨询委员会章程

第一章　总　　则

第一条　为适应保险业的快速发展，加强“保险公司竞争力评价研究”课题组的工作，设立专家咨询委员会。

第二条　专家咨询委员会委员主要是由来自于校外的专家学者组成，对我国保险业的发展、中央财经大学“保险公司竞争力评价研究”课题组的工作等进行研究、咨询和指导。

第二章　人员组成及工作职责

第三条　专家咨询委员会委员由保监会、保险行业协会、保险学会的专家学者；保险公司等保险机构副总裁以上、重视保险业研究的业界人士；以及高校等科研机构具有副高级以上职称的专业技术人员组成。

第四条　专家咨询委员会委员应根据国家经济发展规划和保险监管政策等，对“保险公司竞争力评价研究”课题组工作中遇到的相关问题、困难等提供建议、咨询。

第五条　专家咨询委员会对保险业发展规划、维护公平竞争的市场环境、增强和提高保险公司的服务意识和能力等方面，提供建议和咨询。

第六条 专家咨询委员会每年召开2~3次研讨会。

第七条 专家咨询委员会讨论的议题，需要提前一周通告各位委员、专家。各位委员、专家应该在会前做好充分准备，形成个人的初步意见，会上交专家咨询委员会集体讨论。

第八条 专家咨询委员会设立联系人一职，由中央财经大学“保险公司竞争力评价研究”课题组组长寇业富担任。

第九条 专家咨询委员会委员应注意相关资料、会议记录等的收集、整理与保存。

中央财经大学“保险公司竞争力评价研究”课题组

中央财经大学中国精算研究院

寇业富

2013年7月

目录 Contents

第一章
2012 年中国保险市场分析

我国保险业从1980年恢复国内业务以来，经历了一个快速发展时期。尤其是近年来，党中央国务院十分重视保险业发展，在多份重要文件中提出要大力发展保险业，出台了一系列促进保险业改革发展的政策措施。在党中央、国务院的正确领导下，在社会各界的关心和支持下，经过行业上下的共同努力，我国保险业实现了长足发展。

2012 年，保险业开拓创新，真抓实干，稳步推进改革发展各项工作。

一是市场运行总体平稳。全年保费收入 1.55 万亿元，同比增长 8%。产险业务继续保持较快发展，保费收入 5,331 亿元，同比增长 15.4%；寿险业务呈现回升态势，保费收入 8,908 亿元，同比增长 2.4%；健康险保费收入 862.8 亿元，同比增长 24.7%；人身意外险保费收入 386.2 亿元，同比增长 15.6%。保险公司总资产 7.35 万亿元，较年初增长 22.9%。

二是风险得到有效防范。重点关注的偿付能力风险、资金运用风险、退保风险和案件风险得到了较好控制。全行业偿付能力总体充足，偿付能力不达标公司由 5 家减少到 2 家，产险公司首次实现全部达标。寿险公司退保金 1,198.1 亿元，退保率为 2.76%，低于 5% 的警戒线。

三是市场秩序有所好转。保险公司依法合规经营意识不断增强，业务和财务数据真实性逐步提高。部分地区“拼费用、冲规模、抢市场”的非理性竞争势头得到有效遏制。

四是服务经济社会的能力不断提高。农业保险保费收入 240.6 亿元，同比增长 38.3%，为 1.83 亿户次提供了 9,006 亿元风险保障，向 2,818 万受灾农户支付赔款 148.2 亿元。保险业经办新农合县市数量 129 个，受托管理资金 50.5 亿元。小额保险覆盖 3,200 万人，同比增长 33.3%。出口信用保险承保企业 3.5 万家，保费收入 142.6 亿元，提供风险保障 2,936.5 亿美元，为国家稳定外需做出了贡献。保险资金运用余额6.85万亿元，在23个省市投资基础设施3,240亿元。2012年，保险公司赔款与给付4,716.3亿元，同比增长20%。在北京7.21暴雨、“布拉万”台风等重大灾害事故中，保险业较好地履行了赔付责任。

第一节　2012年中国保险市场整体回顾

中国自1805年成立第一家保险公司以来，已经走过了200多年的历史。自1949年中华人民共和国成立以来，中国保险也经历了初步发展（1949—1958年）、停办（1958—1979年）、恢复发展（1979年至今）三个大的阶段。中国保险业自1979年恢复以来，获得了快速发展。根据最新可得的国际比较数据，2012年，中国保险业收入2,464亿美元，占世界保险市场份额的5.34%，在世界排名第4位，保险密度182美元，保险深度2.98%。

一、市场主体

表1-1显示了2012年中国保险业机构、人员情况及同比变化。截至2012年底，中国保险市场共有168家保险机构，比2011年（152家）增加16家。

表1-1　2012年保险业机构、人员情况同比变化　单位：家、万人

<table>
<tr><th colspan="3">项　目</th><th>2012年</th><th>2011年</th><th>同比变化</th></tr>
<tr><td rowspan="12">机构概况</td><td rowspan="5">中资</td><td>集团（控股）公司</td><td>10</td><td>10</td><td>0</td></tr>
<tr><td>财产险公司</td><td>42</td><td>39</td><td>3</td></tr>
<tr><td>人身险公司</td><td>42</td><td>37</td><td>5</td></tr>
<tr><td>再保险公司</td><td>3</td><td>3</td><td>0</td></tr>
<tr><td>资产管理公司</td><td>16</td><td>11</td><td>5</td></tr>
<tr><td rowspan="3">外资</td><td>财产险公司</td><td>21</td><td>21</td><td>0</td></tr>
<tr><td>人身险公司</td><td>27</td><td>25</td><td>2</td></tr>
<tr><td>再保险公司</td><td>5</td><td>5</td><td>0</td></tr>
<tr><td colspan="2">村镇保险互助社</td><td>1</td><td>1</td><td>0</td></tr>
<tr><td colspan="2">专属财产保险公司</td><td>1</td><td>0</td><td>1</td></tr>
<tr><td colspan="2">保险机构合计</td><td>168</td><td>152</td><td>16</td></tr>
<tr><td colspan="2">营销员人数</td><td>300</td><td>282.1</td><td>17.9</td></tr>
</table>

从中资机构看，集团（控股）公司10家，财产保险公司42家，人身保险公司42家，再保险公司3家，资产管理公司16家；外资机构方面，财产保险公司21家，人身保险公司27家，再保险公司5家；此外，还有村镇保险互助社1家，专属财产保险公司1家。

从产寿险公司看，产险公司63家（中资42家，外资21家），人身险公司69家（中资42家，外资27家），再保险公司8家（中资3家，外资5家），村镇保险互助社1家，专属财产保险公司1家。

2012年，保险营销员人数约为300万人，比2011年增加约17.9万人。

二、保险业经营情况

2012年，全国保险业原保费收入15,488亿元，原保险赔付支出4,716亿元，业务及管理费2,171亿元。2012年末，银行存款23,446亿元，投资45,097亿元，资产总额73,546亿元。2012年，保险公司的投资收益率为3.39%。2012年，养老保险公司企业年金缴费662亿元，养老保险公司企业年金受托管理资产2,009亿元，养老保险公司企业年金投资管理资产1,711亿元。表1-2给出了2011—2012年保险业经营情况的简要对比。

表1-2　　2011—2012年保险业经营情况对比　　单位：万元

汇总——累计	2012年	2011年	增长
原保险保费收入	154,879,298	143,392,512	8.01%
1. 财产险	53,309,273	46,178,232	15.44%
2. 人身险	101,570,025	97,214,281	4.48%
（1）寿险	89,080,570	86,955,914	2.44%
（2）健康险	8,627,607	6,917,213	24.73%
（3）人身意外伤害险	3,861,848	3,341,154	15.58%
养老保险公司企业年金缴费	6,617,266	4,104,684	61.21%
原保险赔付支出	47,163,185	39,293,732	20.03%
1. 财产险	28,163,316	21,869,338	28.78%
2. 人身险	18,999,868	17,424,394	9.04%
（1）寿险	15,050,144	13,009,349	15.69%
（2）健康险	2,981,707	3,596,650	-17.10%
（3）人身意外伤害险	968,017	818,395	18.28%
业务及管理费	21,714,624	18,823,799	15.36%
银行存款	234,460,040	177,371,710	32.19%
投资	450,965,776	377,366,747	19.50%
资产总额	735,457,304	601,381,032	22.29%

三、保费收入

表1-2显示，2012年，全年保险公司保费收入15,488亿元，比上年增长8.01%。其中，财产险业务原保费收入5,331亿元，同比增长15.44%；人身险业务（包括人寿保险、健康保险、意外伤害保险）原保险保费收入10,157亿元，同比增长4.48%。

在人身险业务中，寿险业务原保险保费收入8,908亿元，同比增长2.44%；健康险业务原保险保费收入863亿元，同比增长24.73%；意外伤害业务原保险保费收入386亿元，同比增长15.58%。

四、赔付支出

表1-3显示，2012年，保险赔付支出4,716亿元，比上年增长20.03%。其中，财产险业务赔付支出2,816亿元，同比增长28.78%；人身险业务（包括人寿保险、健康保险、意外伤害保险）保险赔付支出1,900亿元，同比增长9.04%。

表1-3　　2012年保险公司赔付支出及同比增长　　单位：万元

	2012年	2011年	同比增长
原保险赔付支出	47,163,185	39,293,732	20.03%
1. 财产险	28,163,316	21,869,338	28.78%
2. 人身险	18,999,868	17,424,394	9.04%
（1）寿险	15,050,144	13,009,349	15.69%
（2）健康险	2,981,707	3,596,650	-17.10%
（3）人身意外伤害险	968,017	818,395	18.28%

在人身险业务中，寿险业务保险赔付支出1,505亿元，同比增长15.69%；健康险业务保险赔付支出298亿元，同比增长-17.10%；意外伤害业务保险赔付支出97亿元，同比增长18.28%。

五、险种结构

表1-4显示了2012年中国保险市场的险种结构及同比变化，图1-1直观地显示了这一险种结构。

表 1－4　　2012 年中国保险市场的险种结构及同比变化　　单位：万元

	保费收入（2012 年）	占比（2012 年）	保费收入（2011 年）	占比（2011 年）	同比增长
1. 财产险	53, 309, 273	34. 4%	46, 178, 232	32. 2%	2. 2%
2. 人身险	101, 570, 025	65. 6%	97, 214, 281	67. 8%	－2. 2%
（1）寿险	89, 080, 570	57. 5%	86, 955, 914	60. 6%	－3. 1%
（2）健康险	8, 627, 607	5. 6%	6, 917, 213	4. 8%	0. 7%
（3）人身意外伤害险	3, 861, 848	2. 5%	3, 341, 154	2. 3%	0. 2%
总计	154, 879, 298	100. 0%	143, 392, 512	100. 0%	0. 0%

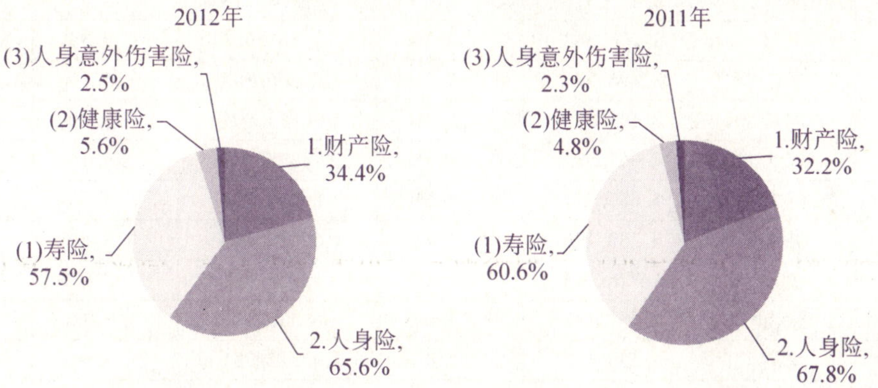

图 1－1　2011—2012 年中国保险市场的险种结构

2012 年，中国总保费收入 15, 488 亿元。其中，财产险业务原保费收入 5, 331 亿元，占比 34. 4%，较 2011 年上升 2. 2%。人身险业务（包括人寿保险、健康保险、意外伤害保险）原保险保费收入 10, 157 亿元，占比 67. 8%，较 2011 年下降 2. 2%。

在人身险业务中，寿险业务原保险保费收入 8, 908 亿元，在总保费中占比 60. 6%，较 2011 年下降 3. 1%；健康险业务原保险保费收入 863 亿元，在总保费中占比 5. 6%，较 2011 年上升 0. 7%；意外伤害业务原保险保费收入 386 亿元，在总保费中占比 2. 5%，较 2011 年上升 0. 2%。

六、地区结构

表 1－5 显示了 2012 年中国各省的保费收入情况。从各省的份额结构看，2012 年保费收入排名位居前列的省份是广东、江苏、山东、北京，份额占比均超过 6%，其中，广东占比 10. 9%，江苏占比 8. 4%，山东占比 7. 3%，北京占比 6. 0%。

表 1－6 显示了 2012 年中国东部、中部、西部三大区域的保费收入状况和同比变化，从东、中、西三大区域的份额结构看，2012 年东部、中部、西部的保费收

入份额占比分别为57.8%、22.8%和18.9%，呈现明显的依次递减的现象。与2011年相比，2012年东、中、西三大区域占比变化不大。

表1-5　　2012年中国各省保费收入及同比变化　　单位：万元

排名	地区	保费收入（2012年）	占比（2012年）	保费收入（2011年）	占比（2011年）	同比变化（百分点）
1	广东	16,921,219	10.9%	15,789,638	11.0%	-8.6%
2	江苏	13,012,805	8.4%	12,000,239	8.4%	3.3%
3	山东	11,280,360	7.3%	10,360,352	7.2%	5.8%
4	北京	9,230,871	6.0%	8,209,123	5.7%	23.5%
5	河南	8,411,318	5.4%	8,398,213	5.9%	-42.6%
6	上海	8,206,368	5.3%	7,531,052	5.3%	4.7%
7	浙江	8,198,770	5.3%	7,306,707	5.1%	19.8%
8	四川	8,195,283	5.3%	7,787,004	5.4%	-13.9%
9	河北	7,661,583	4.9%	7,328,887	5.1%	-16.4%
10	辽宁	5,630,357	3.6%	5,250,903	3.7%	-2.7%
11	湖北	5,333,106	3.4%	5,018,190	3.5%	-5.6%
12	福建	4,776,965	3.1%	4,324,080	3.0%	6.9%
13	湖南	4,651,143	3.0%	4,435,328	3.1%	-9.0%
14	安徽	4,536,125	2.9%	4,322,981	3.0%	-8.6%
15	山西	3,846,491	2.5%	3,646,684	2.5%	-6.0%
16	陕西	3,653,273	2.4%	3,437,210	2.4%	-3.8%
17	黑龙江	3,441,498	2.2%	3,177,867	2.2%	0.6%
18	重庆	3,310,267	2.1%	3,118,127	2.2%	-3.7%
19	江西	2,717,189	1.8%	2,522,341	1.8%	-0.5%
20	云南	2,712,984	1.8%	2,411,024	1.7%	7.0%
21	内蒙古	2,477,437	1.6%	2,297,778	1.6%	-0.3%
22	广西	2,382,587	1.5%	2,126,544	1.5%	5.5%
23	天津	2,381,572	1.5%	2,117,433	1.5%	6.1%
24	新疆	2,355,604	1.5%	2,036,155	1.4%	10.1%
25	吉林	2,325,407	1.5%	2,233,582	1.6%	-5.6%
26	宁波	1,647,056	1.1%	1,485,985	1.0%	2.7%
27	甘肃	1,587,675	1.0%	1,409,270	1.0%	4.2%
28	贵州	1,502,155	1.0%	1,318,114	0.9%	5.1%
29	集团、总公司本级	842,860	0.5%	545,941	0.4%	16.3%
30	宁夏	626,883	0.4%	553,367	0.4%	1.9%
31	海南	602,706	0.4%	537,481	0.4%	1.4%
32	青海	324,008	0.2%	278,928	0.2%	1.5%
33	西藏	95,372	0.1%	75,984	0.1%	0.9%
	全国合计	154,879,298	100.0%	143,392,512	100.0%	0.0%

表 1-6 2012 年中国各地区保费收入及同比变化 单位：万元

地区	保费（2012 年）	占比（2012 年）	保费（2011 年）	占比（2011 年）
东部	89, 550, 632	57.8%	82, 241, 880	57.4%
中部	35, 262, 277	22.8%	33, 755, 187	23.5%
西部	29, 223, 529	18.9%	26, 849, 504	18.7%
集团、总公司本级	842, 860	0.5%	545, 941	0.4%
全国	154, 879, 298	100.0%	143, 392, 512	100.0%

2012 年是“十二五”规划的第二年，也是中国保险业“十二五”规划承上启下的一年。中国保险业在经济形势非常严峻的情况下实现了稳步发展，保险业改革开放顺利推进，市场体系建设取得成效。总体来说，2012 年中国保险业在结构调整上取得了一定的进展。就财险来说，车险业务增速明显放缓的情况下，非车险业务保持了均衡较快的发展态势；就寿险来说，受结构调整政策导向和新会计准则统计口径变化的影响，万能险和投连险业务占比大幅下降，同时电销、网销、相互代理等新型渠道在保费规模和业务质量方面都有了一定的发展。2012 年是保险市场面临困难和挑战较多的一年。国际金融市场剧烈动荡，各类风险明显增多，国内经济增速缓慢回落，资本市场持续低迷，金融产品间的竞争日趋激烈，这些都为保险公司的经营带来了很大的难题。尽管如此，整个行业还是保持了良好的发展势头。

第二节 2012 年中国财险市场回顾

一、基本情况

（一）保费收入

1. 全国财产保险市场保费规模及增长。

图 1-2 为 2002—2012 年全国保险市场与财产保险市场原保险保费规模对比。根据中国保监会的数据，2012 年全国保险市场原保险保费收入达到 15, 487.93 亿元，较 2011 年同比上升 8.0%。其中，财产保险市场原保险保费收入达到 5, 529.88 亿元，较上一个年度增加 750.88 亿元，增长 15.7%。

图 1-3 显示 2002—2012 年全国保险市场与财产保险市场原保险保费增速对比。2012 年国内财产保险市场原保险保费收入实现下降。从横向比较来看，2012

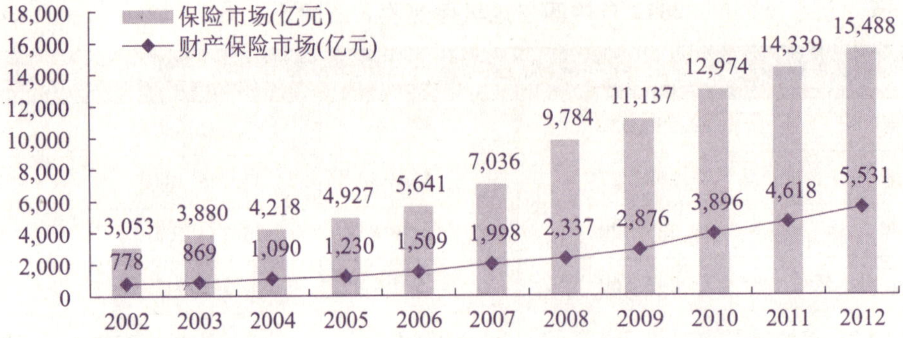

图1-2　2002—2012年保险市场整体与财产保险市场保费规模对比

年，财产保险市场的原保险保费收入达到15.7%，低于同期全国保险市场原保险保费收入增速。从纵向比较来看，2012年财产保险市场的原保险保费收入增速较2011年下降2.8个百分点。

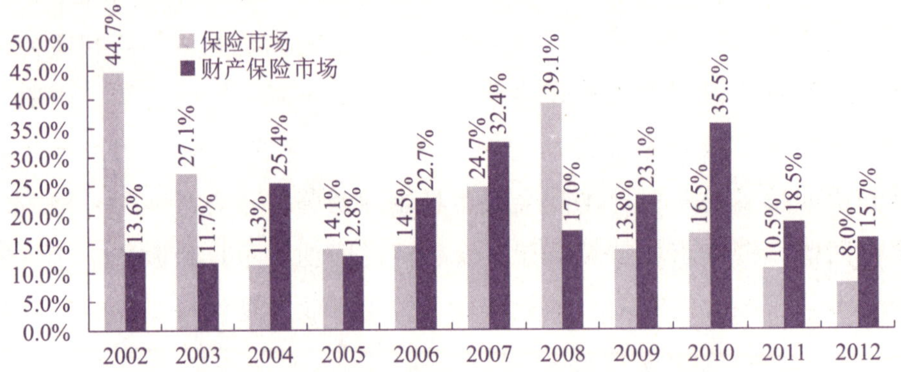

图1-3　2002—2012年财产保险市场保费规模增速

2. 地区间财产保险市场保费规模及增长。

2012年，我国各地区财产原保险保费规模及增长情况如表1-7所示。

从保费规模来看，江苏省、广东省和浙江省位列前三名，保费规模均超过350亿元，山东省保费规模超过300亿元，但全国仅上述四个地区保费超过300亿元；海南省、青海省和西藏自治区保费规模位列后三位，合计规模仅为47.82亿元。就保费规模的横向比较而言，各地区之间规模的差距较大，规模较小的西藏自治区保费规模仅为规模最大的江苏省保费规模的1.48%，保费规模位列后三位的西藏自治区、青海省和海南省的总保费仅为位列前三名的江苏省、广东省和浙江省的3.93%。

从保费规模占全国财产保险市场的比重来看，规模前三位的江苏省、广东省和浙江省占全国财产保险市场的比重分别达到了8.27%、7.82%和86.72%，规模后三位的海南省、青海省和西藏自治区占全国财产保险市场的比重分别为0.47%、

0.30%和0.12%。

表 1－7　　**2012 年各地区财产保险市场原保险保费收入**

地区	财产保险保费规模（亿元）	规模排名	规模比重	财险保费增速	增速排名
江苏	440.92	1	8.27%	16.05%	17
广东	416.80	2	7.82%	13.34%	28
浙江	358.22	3	6.72%	15.44%	21
山东	317.62	4	5.96%	14.96%	22
四川	271.51	5	5.09%	20.62%	4
北京	267.02	6	5.01%	14.82%	24
河北	258.65	7	4.85%	16.03%	18
上海	256.38	8	4.81%	9.85%	35
河南	195.77	9	3.67%	19.86%	6
安徽	169.06	10	3.17%	18.37%	10
深圳	154.51	11	2.90%	10.52%	33
湖南	144.96	12	2.72%	17.68%	13
辽宁	143.24	13	2.69%	6.42%	36
湖北	135.25	14	2.54%	17.90%	11
福建	133.77	15	2.51%	14.96%	23
山西	127.79	16	2.40%	12.80%	31
云南	123.54	17	2.32%	13.16%	30
内蒙古	119.84	18	2.25%	2.70%	37
陕西	115.78	19	2.17%	14.06%	26
黑龙江	99.25	20	1.86%	17.47%	14
江西	97.49	21	1.83%	14.53%	25
重庆	95.20	22	1.79%	16.63%	16
新疆	93.68	23	1.76%	19.32%	8
广西	92.25	24	1.73%	16.69%	15
天津	90.79	25	1.70%	20.88%	3
宁波	86.23	26	1.62%	11.57%	32
集团、总公司本级	82.56	27	1.55%	57.47%	1
吉林	78.11	28	1.47%	13.20%	29
贵州	70.39	29	1.32%	19.24%	9
青岛	64.93	30	1.22%	15.98%	19
大连	57.66	31	1.08%	10.51%	34
甘肃	55.94	32	1.05%	20.31%	5
厦门	41.50	33	0.78%	19.62%	7
宁夏	26.47	34	0.50%	21.00%	2
海南	25.15	35	0.47%	15.47%	20
青海	16.15	36	0.30%	17.73%	12
西藏	6.52	37	0.12%	13.73%	27
全国合计	5,330.93	—	100.00%	15.44%	—

从保费增速来看，宁夏、天津、四川位列前三名，各自的增长速度分别达到了21.00%、20.88%和20.62%；内蒙古、辽宁、上海的增速位列后三名，各自的增速分别为2.70%、6.42%和9.85%。就各地区增速的横向比较而言，除个别地区增速较快之外，其余地区的增速与全国平均增速较为接近。从各地区保费增速的统计情况可以看出，增速较高的地区往往都是市场规模较小，因而在快速发展时期能够表现出较高的增速；规模较大的地区增速往往较慢，这主要是由于其保费规模基数较大。

（二）赔款支出

2012年，财产保险公司赔款支出累计达到28,163,316万元，较上一个年度增长了28.78%，超过保费增长率13.34%。

表1-8展示了2012年财产保险保费收入和赔款支出。

表1-8　2012年财产保险公司保费收入和赔款支出情况　单位：万元

	保费收入（2012）	占比（2012）	赔付支出（2012）	占比（2012）	赔付率
1月	4,946,729	9.28%	1,714,886	6.09%	34.67%
2月	3,236,274	6.07%	1,685,600	5.99%	52.08%
3月	4,821,972	9.05%	2,325,619	8.26%	48.23%
4月	4,448,868	8.35%	1,977,299	7.02%	44.44%
5月	4,447,810	8.34%	2,287,823	8.12%	51.44%
6月	5,093,209	9.55%	2,208,505	7.84%	43.36%
7月	4,240,190	7.95%	2,318,389	8.23%	54.68%
8月	4,120,913	7.73%	2,470,681	8.77%	59.95%
9月	4,561,939	8.56%	2,512,864	8.92%	55.08%
10月	3,759,170	7.05%	2,177,696	7.73%	57.93%
11月	4,372,911	8.20%	2,989,472	10.61%	68.36%
12月	5,259,289	9.87%	3,494,482	12.41%	66.44%

二、竞争态势

（一）经营主体数量

截至2012年底，国内财产保险市场共有63家财产保险公司和1家专属财产保险公司；63家财产保险公司中，中资公司42家，外资公司21家。较上一个年度，国内保险市场共新增3家财产保险经营主体和一家专属财产保险公司，具体见表1-9。

表1－9　　2012年国内保险市场新增财产保险公司

公司名称	简称	主要股东	注册地	资本结构	注册资本
北部湾财产保险股份有限公司	北部湾财产	广西金融投资集团有限公司、广西交通投资集团有限公司等13家公司	广西	中资	6亿元
中石油专属财产保险股份有限公司	中石油保险	中国石油天然气集团公司、中国石油天然气股份有限公司等两家公司	新疆	中资	50亿元
鑫安汽车保险股份有限公司	鑫安保险	一汽轿车股份有限公司、富奥汽车零部件股份有限公司等10家公司	吉林	中资	5亿元
华信财产保险股份有限公司	华信财产	生命人寿保险股份有限公司、深圳市富德金融投资控股有限公司等两家公司	深圳	中资	5亿元

（二）市场份额

从近三年的市场份额统计情况（见表1－10）可以看出，除了人保股份（即“中国人民财产保险股份有限公司”）、平安财险（即“中国平安财产保险股份有限公司”）和太保财险（即“中国太平洋财产保险股份有限公司”）三大财产保险公司以外，其他财产保险公司的市场份额较小，甚至无一突破10%。三年来，三大财产保险公司的市场份额趋于稳定，但是平安财产保险的市场份额上升趋势较为明显。目前，国内财产保险市场上的保险公司市场份额大多小于5%，中小型财产保险公司数目众多。纵观整个国内财产保险市场的市场份额，基本形成了“一超两强”为主导的市场格局。“一超”指中国人民财产保险股份有限公司，“两强”指中国平安财产保险股份有限公司和中国太平洋财产保险股份有限公司。

表1－10　　2010—2012年国内财产保险公司市场份额

公司名称	2012年市场份额排名			2012年	2011年	2010年
	总体	中资	外资			
人保股份	1	1	—	34.90%	36.28%	38.23%
平安财	2	2	—	17.86%	17.44%	15.43%
太保财	3	3	—	12.58%	12.89%	12.80%
中华联合	4	4	—	4.44%	4.38%	4.80%
国寿财产	5	5	—	4.26%	3.43%	2.80%
大地财产	6	6	—	3.24%	3.40%	3.43%
阳光财产	7	7	—	2.65%	2.79%	2.64%
出口信用	8	8	—	2.58%	2.14%	2.21%

续表

公司名称	2012年市场份额排名			2012年	2011年	2010年
	总体	中资	外资			
天安	9	9	—	1.47%	1.64%	1.99%
太平保险	10	10	—	1.40%	1.21%	1.33%
安邦	11	11	—	1.28%	1.50%	1.75%
永安	12	12	—	1.27%	1.35%	1.44%
华安	13	13	—	1.04%	1.02%	0.98%
华泰	14	14	—	1.01%	1.00%	0.96%
永诚	15	15	—	1.00%	1.10%	1.34%
英大财产	16	16	—	0.91%	0.63%	0.44%
天平车险	17	17	—	0.84%	0.84%	0.78%
中银保险	18	18	—	0.75%	0.61%	0.62%
都邦	19	19	—	0.56%	0.70%	0.89%
信达财险	20	20	—	0.44%	0.25%	0.09%
安华农业	21	21	—	0.43%	0.55%	0.64%
紫金财产	22	22	—	0.42%	0.32%	0.15%
浙商财产	23	23	—	0.41%	0.39%	0.27%
阳光农业	24	24	—	0.41%	0.35%	0.35%
民安	25	25	—	0.39%	0.44%	0.42%
国元农业	26	26	—	0.36%	0.32%	0.31%
长安责任	27	27	—	0.32%	0.38%	0.40%
大众	28	28	—	0.29%	0.36%	0.43%
渤海	29	29	—	0.28%	0.31%	0.29%
鼎和财产	30	30	—	0.27%	0.25%	0.16%
安诚	31	31	—	0.25%	0.36%	0.39%
美亚	32	—	1	0.20%	0.22%	0.25%
安信农业	33	32	—	0.15%	0.15%	0.16%
利宝互助	34	—	2	0.13%	0.11%	0.09%
安盟	35	—	3	0.13%	0.02%	0.02%
安联	36	—	4	0.10%	0.08%	0.08%
三星	37	—	5	0.09%	0.09%	0.09%
锦泰财产	38	33	—	0.09%	0.03%	—
东京海上	39	—	6	0.09%	0.10%	0.10%
三井住友	40	—	7	0.08%	0.09%	0.10%

续表

公司名称	2012年市场份额排名			2012年	2011年	2010年
	总体	中资	外资			
泰山财险	41	34	—	0.07%	0.01%	—
华农	42	35	—	0.07%	0.05%	0.04%
苏黎世	43	—	8	0.06%	0.06%	0.05%
日本财产	44	—	9	0.05%	0.06%	0.05%
国泰财产	45	—	10	0.05%	0.03%	0.02%
丰泰	46	—	11	0.05%	0.05%	0.04%
众诚保险	47	36	—	0.05%	0.01%	—
中意财产	48	—	12	0.04%	0.05%	0.05%
中煤财产	49	37	—	0.04%	0.02%	0.00%
富邦财险	50	—	13	0.03%	0.01%	0.00%
太阳联合	51	—	14	0.03%	0.03%	0.04%
丘博保险	52	—	15	0.03%	0.03%	0.04%
长江财产	53	38	—	0.02%	0.00%	—
现代财产	54	—	16	0.02%	0.02%	0.03%
乐爱金	55	—	17	0.02%	0.01%	0.01%
爱和谊	56	—	18	0.01%	0.01%	0.01%
日本兴亚	57	—	19	0.01%	0.01%	0.01%
诚泰财产	58	39	—	0.01%	—	—
信利保险	59	—	20	0.01%	0.00%	—
鑫安汽车	60	40	—	0.00%	—	—
华信财产	61	41	—	0.00%	—	—
劳合社	62	—	21	0.00%	0.00%	—

（三）市场集中度

市场集中度（Concentration Ratio，CR）是衡量整个行业的市场结构集中程度的测量指标，用来衡量企业的数目和相对规模的差异，是反映市场垄断程度的重要量化指标。此处对于国内财产保险行业市场集中度的分析是以前三家财产保险公司的市场份额之和（CR3）为标准衡量国内财险市场集中度。

从表1-11中的数据可以看出，2004—2008年国内财产保险市场集中度持续大幅下降，2009年开始市场集中度又有所上升，但是上升幅度较小。总体来看，近年来市场集中度大约维持在65%左右，这说明国内财产保险市场仍然趋向于垄断，整体竞争程度不够。具体来看，近年来约65%的市场份额仍然由三大财产保险公司贡献，而且人民财产保险股份有限公司一直稳居首位；平安财产保险股份有限公司的市场份额从2009年起超越太平洋财产保险股份有限公司，排名次席。

表1－11　　2004—2012年国内财产保险市场集中度

年份	2004	2005	2006	2007	2008	2009	2010	2011	2012
市场份额前三（由大到小）	人保、太保、平安	人保、太保、平安	人保、太保、平安	人保、太保、平安	人保、太保、平安	人保、平安、太保	人保、平安、太保	人保、平安、太保	人保、平安、太保
集中度（CR3）(%)	79.87	72.63	67.25	63.97	63.86	64.21	66.45	66.60	65.35

三、发展层次

（一）保险密度

保险密度是指按照当地人口计算的人均保费，它与保费收入总量从不同角度反映了保险的规模程度，同时也体现了一个国家或地区保险的普及程度。财产保险市场的保险密度说明该地财产保险产品的普及程度，是衡量财产保险市场发展情况的一项重要指标。

2012年，国内财产保险市场的保险密度达到了408.48元/人，较上一个年度增长19.18%。从近十一年的保险密度来看，国内保险市场的保险密度增长迅速，从2002年的60.59元/人增长到408.48元/人，增幅达到674.17%（见表1－12）。

表1－12　　2002—2012年国内财产保险市场保险密度

年份	保费收入（亿元）	人口数量（万人）	保险密度（元/人）
2002	778	128,453	60.57
2003	869	129,227	67.25
2004	1,090	129,988	83.85
2005	1,230	130,756	94.07
2006	1,509	131,448	114.80
2007	1,998	132,129	151.22
2008	2,337	132,802	175.98
2009	2,876	133,450	215.51
2010	3,896	134,091	290.55
2011	4,618	134,735	342.75
2012	5,531	135,404	408.48

从近年来财产保险市场的保险密度数据来看，一方面国内财产保险市场的发展较好，财产保险产品的普及程度越来越高；另一方面国内财产保险市场发展程度还需要进一步深化。

（二）保险深度

保险深度是指保费收入占该地区国内生产总值（GDP）之比，它反映该地区保险业在国民经济中所处的地位。财产保险市场的保险深度即财产保险保费占该地国内生产总值之比，说明财产保险市场在国民经济中的重要程度。

2012年，国内财产保险市场保险深度达到了1.07%。从近十年保险深度的变化趋势来看，国内财产保险市场的保险深度表现为较为稳定的增长，从2002年的0.65%增长到2012年的1.07%（见表1－13）。一方面，不断增长的保险深度说明国内财产保险市场在国民经济中地位不断增强；另一方面，较低的保险深度说明国内财产保险市场在国民经济中的地位仍然需要加强。

表1－13　　2002—2012年国内财产保险市场保险深度

年份	保费收入（亿元）	国内生产总值（亿元）	保险深度
2002	778	120,333	0.65%
2003	869	135,823	0.64%
2004	1,090	159,878	0.68%
2005	1,230	184,937	0.67%
2006	1,509	216,314	0.70%
2007	1,998	265,810	0.75%
2008	2,337	314,045	0.74%
2009	2,876	340,903	0.84%
2010	3,896	401,513	0.97%
2011	4,618	472,882	0.98%
2012	5,531	519,322	1.07%

第三节　2012年中国寿险市场回顾

中国寿险业自1982年恢复业务以来，经历20多年的发展，我国寿险业得到了蓬勃发展，规模保费迅猛增长，占有总保费的主导地位不断提升与巩固，并逐渐向专业化和国际化发展。虽然与发达国家相比，我国的人寿保险业务还处在初级阶段，在结构性调整、险种设计、投资渠道等方面还存在一定差距，但是随着经济体制改革的深化和市场开放程度的加大，行业分工逐步细化，市场专业寿险公司不断增加，投资与风险管理能力显著提升；多种寿险产品或组合日益丰富，多方式多层次满足消费者需求，商业人寿保险正发展逐步成为我国社会保险体系的重要组成部分。

一、基本情况

（一）保费收入

1. 总体保费情况。

2012 年，全国人身险业务原保费收入 10, 157 亿元，占总保费的 65. 58%，同比增长 4. 49%。表 1 – 14 给出了 2012 年各月和累计的人身保险保费收入。

表 1 – 14　　2012 年人身保险保费收入　　单位：亿元

月份	单月保费收入	各月累计保费收入
1	1, 397	1, 397
2	1, 063	2, 461
3	1, 074	3, 534
4	642	4, 177
5	711	4, 888
6	945	5, 833
7	630	6, 463
8	729	7, 192
9	893	8, 084
10	662	8, 747
11	693	9, 440
12	717	10, 157

销售渠道方面，2012 年，保险中介渠道实现寿险保费收入 9, 217. 41 亿元，同比增长 2. 18%，保费规模占全国寿险总保费收入的 92. 56%，同比下降 1. 8%。其中，除银邮渠道外，其他中介业务的寿险保费收入均保持了 10% 以上的增长，保险经纪渠道更是实现了 74. 12% 的大幅增长。

2. 企业年金情况。

2012 年，养老保险公司开展的企业年金取得了较好的成绩，5 家专业养老保险公司的企业年金缴费都有所增长，5 家公司全年共实现企业年金缴费 661. 73 亿元，增长61.21%。截至2012年底，受托管理资产2,009亿元，增长45.77%；投资管理资产1,711.16亿元，增长29.17%。表1－15给出了2011—2012企业年金经营情况，包括企业年金缴费、受托管理资产和投资管理资产。

表1－15　　2011—2012年企业年金经营情况　　单位：万元

公司	年份	太平养老	平安养老	国寿养老	长江养老	泰康养老	合计
企业年金缴费	2012	587,651	2,392,574	2,917,599	390,284	329,158	6,617,266
	2011	550,739	957,548	2,068,633	362,350	165,414	4,104,684
受托管理资产	2012	2,399,853	5,811,359	8,051,373	3,152,169	675,307	20,090,060
	2011	1,798,999	3,740,043	5,133,453	2,725,760	383,518	13,781,773
投资管理资产	2012	2,605,635	6,710,672	5,421,208	2,374,103	—	17,111,618
	2011	2,152,139	5,392,985	3,891,392	1,810,448	—	13,246,963

3. 分险种保费情况。

近10年时间，寿险业务结构总体趋向稳定。寿险2012年的保费规模为8,908.06亿元，占人身险总保费的87.70%，总体占比变化不大，较2011年占比略有下降。健康险2012年保费收入为862.76亿元，占人身险总保费的8.49%，相比2011年提高了1.37%，主要体现在国民健康险意识的提高。人身意外伤害险的2012年保费达到386.18亿元，占人身险保费的3.80%，略有上升。表1－16给出了2011—2012年分险种保费收入比较；图1－4显示了2012年人身险各险种保费收入分布情况。

表1－16　　2011—2012年分险种保费收入比较　　单位：亿元

	保费（2012）	占比（2012）	增长（2012）	保费（2011）	占比（2011）
寿险	8908.06	87.70%	2.45%	8695.4	89.45%
意外险	386.18	3.80%	15.58%	334.12	3.44%
健康险	862.76	8.49%	24.73%	691.72	7.12%

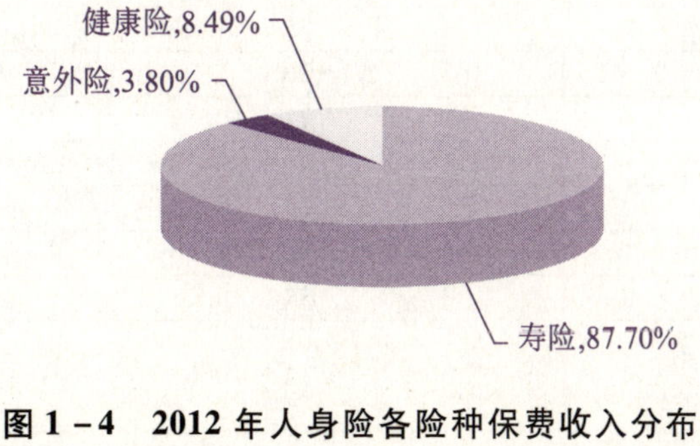

图1－4　2012年人身险各险种保费收入分布

4. 分地区保费情况。

2012 年，我国各地区人身险保费规模及增长情况如表 1－17 所示。2012 年人身险保费规模居前五位的地区是广东（1,121 亿元）、江苏（860 亿元）、山东（745 亿元）、北京（656 亿元）、河南（645 亿元）；保费增幅居前五位的地区为西藏（61.59%）、青海（14.68%）、新疆（13.40%）、内蒙古（13.10%）、云南（12.00%）。

表 1－17　2012 年全国各地区原保险保费收入情况表　单位：亿元

地区	寿险	意外险	健康险	保费合计（2012）	规模排名	规模比重	保费合计（2011）	保费增速	增速排名
广东	971	44	106	1,121	1	11.03%	1,071	4.61%	20
江苏	766	35	59	860	2	8.47%	820	4.91%	19
山东	654	26	65	745	3	7.34%	704	5.93%	17
北京	554	22	80	656	4	6.46%	588	11.51%	6
河南	595	13	37	645	5	6.35%	676	-4.60%	31
上海	482	24	57	564	6	5.56%	520	8.57%	12
四川	483	23	42	548	7	5.40%	554	-1.01%	29
浙江	470	27	42	540	8	5.32%	492	9.86%	7
河北	459	14	34	508	9	5.00%	510	-0.48%	28
湖北	357	13	28	398	10	3.92%	387	2.83%	23
辽宁	318	12	32	362	11	3.57%	338	7.04%	16
湖 南	284	12	25	320	12	3.15%	320	-0.06%	27
福建	255	14	34	302	13	2.98%	281	7.49%	15
安徽	258	7	19	285	14	2.80%	289	-1.70%	30
山西	234	7	16	257	15	2.53%	251	2.18%	25
陕西	224	9	17	250	16	2.46%	242	3.03%	22
黑龙江	220	7	18	245	17	2.41%	233	4.97%	18
重庆	207	12	17	236	18	2.32%	230	2.45%	24
江西	155	6	13	174	19	1.72%	167	4.26%	21
吉林	138	4	12	154	20	1.52%	154	0.04%	26
云南	116	11	21	148	21	1.45%	132	12.00%	5
天津	127	6	15	147	22	1.45%	137	7.85%	14
广西	124	8	14	146	23	1.44%	134	9.29%	10
新疆	114	9	19	142	24	1.40%	125	13.40%	3
内蒙古	109	6	13	128	25	1.26%	113	13.10%	4
甘肃	91	4	8	103	26	1.01%	94	8.89%	11
贵州	68	5	6	80	27	0.79%	73	9.68%	9
宁夏	29	2	6	36	28	0.36%	33	8.23%	13
海南	31	2	3	35	29	0.35%	32	9.86%	8
青海	13	1	2	16	30	0.16%	14	14.68%	2
西藏	1	1	1	3	31	0.03%	2	61.59%	1
集团、总公司本级	0	1	1	2	32	0.02%	2	-12.19%	32
全国合计	8,908	386	863	10,157	—	100.00%	9,721	4.48%	—

2012年我国东、中、西部地区人身保险保费收入占比如表1-18所示。

表1-18　2012年东、中、西部地区人身险保费收入占比

	2012年保费收入	占比	2011年保费收入	增速
东部地区	5,843.39	57.53%	5,495.22	6.34%
中部地区	2,478.54	24.40%	2,479.58	-0.04%
西部地区	1,835.08	18.07%	1,746.44	5.08%

东部地区11省区保费收入达5,843.39亿元，同比增长6.34%，占比57.53%；中部地区8省区保费收入达2,748.54亿元，同比增长-0.04%，占比24.40%；西部地区12省区保费收入达1,835.08亿元，同比增长5.08%，占比18.07%。

（二）赔付支出

2012年，人身险赔付支出18,999,868万元，增长9.04%。其中寿险赔付支出15,050,144万元，增长15.69%，健康险赔付支出2,981,707万元，增长-17.10%，意外险赔付支出968,017万元，增长18.28%。表1-19展示了2012年人身保险保费收入和赔款支出。图1-5展示了2012年人身保险业务累计赔款与保险保费收入对比情况。

表1-19　2012年人身保险保费收入和赔款支出情况　单位：万元

	保费收入（2012）	占比（2012）	赔付支出（2012）	占比（2012）	简单赔付率
1月	13,970,894	13.75%	1,739,043	9.15%	12.45%
2月	10,634,727	10.47%	1,886,352	9.93%	17.74%
3月	10,737,545	10.57%	2,368,209	12.46%	22.06%
4月	6,423,675	6.32%	1,536,503	8.09%	23.92%
5月	7,114,496	7.00%	1,392,489	7.33%	19.57%
6月	9,448,441	9.30%	1,505,559	7.92%	15.93%
7月	6,300,922	6.20%	1,278,194	6.73%	20.29%
8月	7,285,721	7.17%	1,340,060	7.05%	18.39%
9月	8,925,684	8.79%	1,379,600	7.26%	15.46%
10月	6,623,682	6.52%	1,195,897	6.29%	18.05%
11月	6,929,652	6.82%	1,861,685	9.80%	26.87%
12月	7,174,585	7.06%	1,516,276	7.98%	21.13%

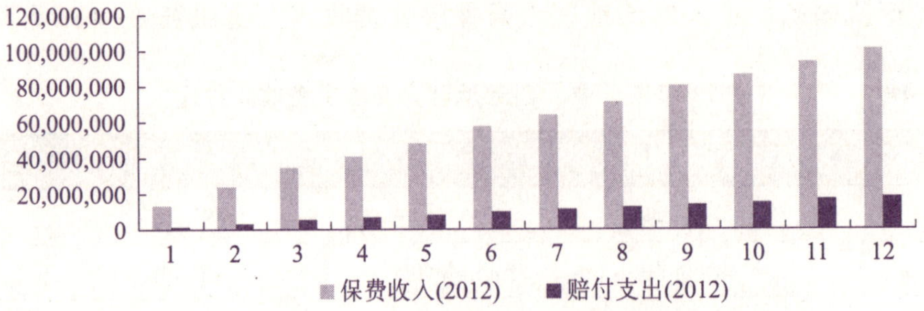

图 1－5 2012 年人身保险业累计赔款与保费收入（万元）

（三）退保情况

2012 年寿险公司退保金额 1,198.1 亿元，退保率为 2.76%，低于 5% 的警戒线（详见表 1－20 和图 1－6）。四大上市保险公司年报显示，太保寿险、中国人寿、平安寿险、新华人寿 2012 年退保金额分别为 123.17 亿元、407.31 亿元、53.16 亿元和 180.93 亿元。

表 1－20 2007—2012 年寿险公司退保率变化情况

年份	退保率
2007 年	4.73%
2008 年	3.78%
2009 年	3.54%
2010 年	3.05%
2011 年	3.96%
2012 年	2.76%

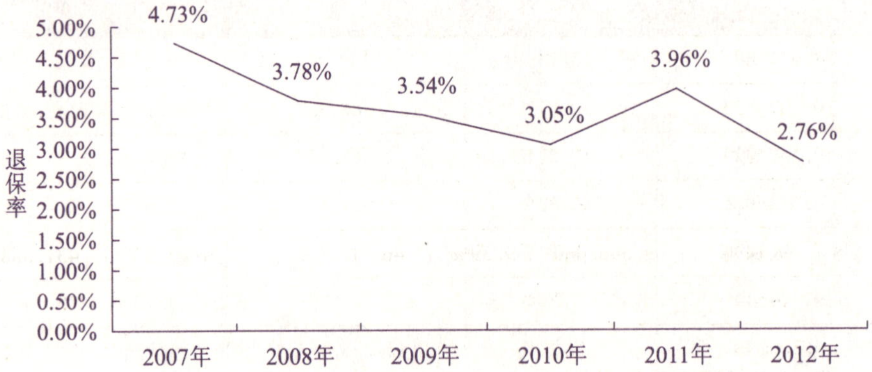

图 1－6 2007—2012 年寿险公司退保率变化情况

二、竞争态势

（一）经营主体数量

随着中国加入世贸组织，保险市场进一步开放，大量外资寿险公司进入中国市场，本土中小保险企业也迅速发展壮大。至2002年底，人寿保险公司仅为23家，但到了2006年底，全国已发展到48家，其中中资人寿险公司23家，外资公司25家；综合性人寿险公司41家，专业健康险公司4家，专业养老金公司3家。截至2012年底，全国人寿保险公司达到69家，较2011年末增加了7家；其中中资公司42家，较2011年末增加了5家，外资公司27家，较2011年末增加了2家；综合性人寿保险公司60家，专业健康险公司4家，专业养老险公司5家。

（二）市场份额

2012年，各人寿保险公司的保费规模及市场份额如表1－21、表1－22、图1－7所示。2012年，保费规模超过100亿元的有11家公司，分别为国寿股份、平安寿、新华、太保寿、人保寿险、泰康、太平人寿、生命人寿、阳光人寿、中邮人寿、国寿存续，市场份额合计为87.64%，较上年下降1.09%。保费规模在10亿～100亿元之间的有30家公司，市场份额合计为11.69%，较上年上升1.07%；保费规模在1亿～10亿元之间的有17家公司，市场份额合计为0.65%，较上年上升0.02%；保费规模在1亿元以下的有11家公司，市场份额合计为0.02%，与上年基本持平。2012年保费规模前三名、前五名、前十名公司的市场集中度分别为55.16%、70.97%、86.31%，分别比上一年增加了－0.49、－1.79和－2.0个百分点。

表1－21　　2012年人身保险公司原保险保费收入情况表　　单位：万元

序号	资本结构	公司名称	保费收入	占比	序号	资本结构	公司名称	保费收入	占比
－	中资	小计	94,825,326	95.23%	—	外资	小计	4,753,537	4.77%
1		国寿股份	32,274,081	32.41%	43		友邦	869,115	0.87%
2		平安寿	12,877,117	12.93%	44		工银安盛	475,071	0.48%
3		新华	9,771,852	9.81%	45		中美联泰	466,162	0.47%
4		太保寿	9,346,080	9.39%	46		中意	431,388	0.43%
5		人保寿险	6,403,030	6.43%	47		信诚	362,360	0.36%
6		泰康	6,157,764	6.18%	48		中英人寿	360,105	0.36%
7		太平人寿	3,645,550	3.66%	49		华泰人寿	285,686	0.29%
8		生命人寿	2,449,026	2.46%	50		中宏人寿	273,196	0.27%
9		阳光人寿	1,571,963	1.58%	51		招商信诺	242,154	0.24%
10		中邮人寿	1,454,640	1.46%	52		中荷人寿	175,573	0.18%
11		国寿存续	1,317,467	1.32%	53		恒安标准	146,857	0.15%
12		民生人寿	890,205	0.89%	54		中德安联	137,785	0.14%

续表

序号	资本结构	公司名称	保费收入	占比	序号	资本结构	公司名称	保费收入	占比
13	中资	合众人寿	808,467	0.81%	55	外资	海康人寿	137,715	0.14%
14		人保健康	759,973	0.76%	56		交银康联	72,103	0.07%
15		华夏人寿	587,292	0.59%	57		汇丰人寿	52,877	0.05%
16		平安养老	586,922	0.59%	58		北大方正人寿	50,056	0.05%
17		建信人寿	586,757	0.59%	59		国泰人寿	44,569	0.04%
18		幸福人寿	570,706	0.57%	60		长生人寿	33,148	0.03%
19		农银人寿	414,578	0.42%	61		新光海航	31,290	0.03%
20		光大永明	399,047	0.40%	62		中新大东方	29,627	0.03%
21		百年人寿	353,228	0.35%	63		中航三星	27,527	0.03%
22		国华	317,496	0.32%	64		平安健康	21,075	0.02%
23		长城	279,611	0.28%	65		君龙人寿	14,875	0.01%
24		信泰	204,249	0.21%	66		瑞泰人寿	9,657	0.01%
25		天安人寿	144,983	0.15%	67		中法人寿	3,426	0.00%
26		利安人寿	129,619	0.13%	68		复星保德信	140	0.00%
27		安邦人寿	124,551	0.13%	69		中韩人寿	—	0.00%
28		英大人寿	121,252	0.12%					
29		太平养老	92,461	0.09%					
30		中融人寿	73,659	0.07%					
31		昆仑健康	32,948	0.03%					
32		前海人寿	27,232	0.03%					
33		正德人寿	18,482	0.02%					
34		华汇人寿	14,685	0.01%					
35		和谐健康	10,930	0.01%					
36		东吴人寿	4,284	0.00%					
37		吉祥人寿	2,618	0.00%					
38		珠江人寿	508	0.00%					
39		弘康人寿	16	0.00%					
40		国寿养老	—	0.00%					
41		长江养老	—	0.00%					
42		泰康养老	—	0.00%					

表 1-22　　2012 年寿险公司保费收入分布情况

保费规模	公司数目		市场份额合计	
	2011 年	2012 年	2011 年	2012 年
大于 100 亿元	10	11	88.73%	87.64%
介于 10 亿元与 100 亿元之间	27	30	10.62%	11.69%
介于 1 亿元与 10 亿元之间	17	17	0.63%	0.65%
小于 1 亿元	8	11	0.02%	0.02%

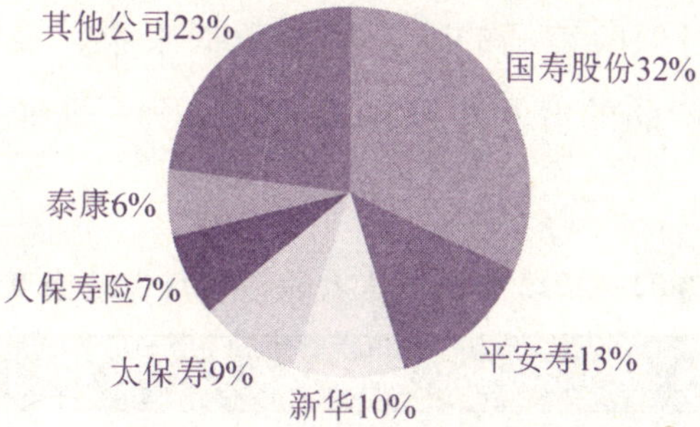

图 1-7　2012 年寿险公司市场份额分布图

（三）市场集中度

随着市场主体的增加，人寿险市场的竞争格局悄然在变化，市场从寡头垄断竞争阶段进入垄断竞争时期。2004 年，中国人寿的人寿险保费占总保费的 46.87%，其他 4 家人寿险公司中国平安、中国太保、新华保险、泰康人寿的人寿险保费分别占比 17.18%、10.80%、5.87%、5.54%，前 5 家公司的市场份额合计超过 86%。2012 年，中国人寿的市场份额下降至 32.41%，下降幅度达到 14.46%，前 5 家人寿险公司中下降速度最快；而中国平安下降 4.25%，中国太保和泰康人寿相对稳定，新华保险则提升了 3.94%，5 家公司总份额下降了 15.54%，下降至 70.72%。5 家市场总份额下降的同时，中小型人寿险公司的市场份额正开始快速上升（见表 1-23）。

表 1-23　　2003—2012 年国内 5 家人寿保险公司市场占有份额

年份	中国人寿	中国平安	中国太保	新华保险	泰康人寿	合计
2003	46.87%	17.18%	10.80%	5.87%	5.54%	86.26%
2004	44.07%	16.14%	9.93%	5.78%	4.88%	80.80%
2005	45.27%	16.99%	9.32%	6.56%	5.12%	83.26%
2006	39.73%	16.00%	10.24%	6.59%	6.92%	79.48%
2007	40.28%	13.79%	9.01%	7.59%	7.87%	78.54%
2008	43.09%	15.65%	8.23%	6.19%	8.16%	81.32%
2009	36.23%	16.24%	8.30%	8.20%	8.23%	77.20%
2010	31.72%	15.15%	8.76%	8.92%	8.26%	72.81%
2011	33.29%	12.44%	9.75%	9.92%	7.11%	72.51%
2012	32.41%	12.93%	9.39%	9.81%	6.18%	70.72%

三、发展层次

（一）保险密度

2012 年，国内人身保险市场的保险密度达到了 750.13 元/人，较上一个年度增长 3.96%。从近 11 年的保险密度来看，国内保险市场的保险密度增长迅速，从 2002 年的 161.46 元/人增长到 750.13 元/人，增幅达到 464.59%（见表 1－24 和图 1－8）。从近年来人身保险市场的保险密度数据来看，一方面国内人身保险市场的发展较好，人身保险产品的普及程度越来越高；另一方面国内人身保险市场发展程度还需要进一步深化。

表 1－24　2002—2012 年国内人身保险市场保险密度

年份	保费收入（亿元）	人口数量（万人）	保险密度（元/人）
2002	2, 074	128, 453	161. 46
2003	2, 724	129, 227	210. 82
2004	2, 846	129, 988	218. 91
2005	3, 245	130, 756	248. 20
2006	3, 593	131, 448	273. 31
2007	4, 464	132, 129	337. 83
2008	6, 658	132, 802	501. 38
2009	7, 457	133, 450	558. 82
2010	9, 680	134, 091	721. 86
2011	9, 721	134, 735	721. 52
2012	10, 157	135, 404	750. 13

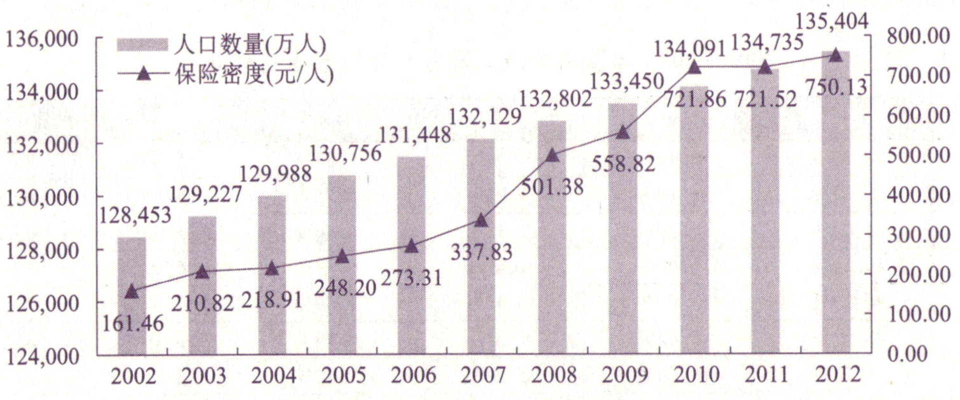

图 1－8　2002—2012 年国内人身保险市场保险密度

（二）保险深度

2012年国内财产保险市场保险深度达到了1.06%。从近10年保险深度的变化趋势来看，国内财产保险市场的保险深度表现为较为稳定的增长，从2002年的0.65%增长到2012年的1.06%（见表1-25和图1-9）。一方面，不断增长的保险深度说明国内财产保险市场在国民经济中地位不断增强；另一方面，较低的保险深度说明国内财产保险市场在国民经济中的地位仍然需要加强。

表1-25　　2002—2012年国内人身保险市场保险深度

年份	保费收入（亿元）	国内生产总值（亿元）	保险深度
2002	2,074	120,333	1.72%
2003	2,724	135,823	2.01%
2004	2,846	159,878	1.78%
2005	3,245	184,937	1.75%
2006	3,593	216,314	1.66%
2007	4,464	265,810	1.68%
2008	6,658	314,045	2.12%
2009	7,457	340,903	2.19%
2010	9,680	401,513	2.41%
2011	9,721	472,882	2.06%
2012	10,157	519,322	1.96%

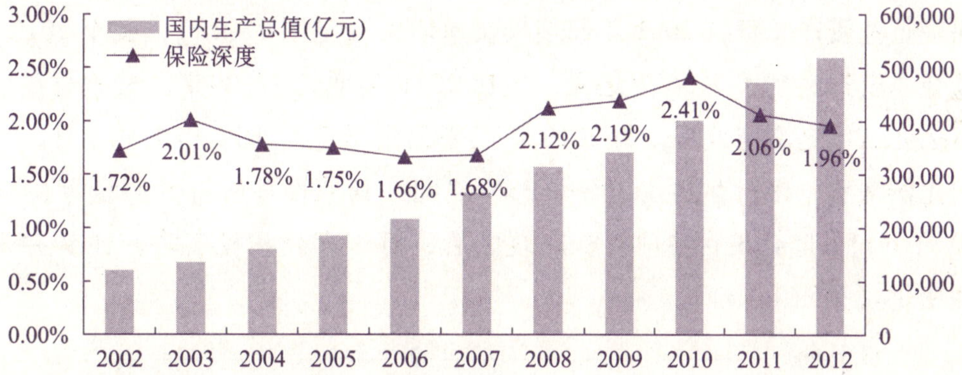

图1-9　2002—2012年国内人身保险市场保险深度

第四节　2012年中国保险业资金运用回顾

2012年是中国保险业资金运用“风起云涌”的一年，在人民币国际化和利率市场化这两大外部变革背景下，监管机构高密度地出台各项创新政策，监管限制的逐步放开，金融创新的步伐加快，越来越多的机构有能力参与到资产管理的队列之中，中国保险业资金运用进入一个全新的时代。在过去的5年当中，保险公司的传统业务面临两大难题，一方面是保险公司投资性质的保费收入受到冲击，其他资产管理产品对于有投资功能的保险产品产生的替代和挤出，影响分红险、万能险以及投连险的新增规模；另一方面，保险公司新增负债成本有升高的趋势，利率市场化推进，使得投资者要求的回报率脱离官方利率参照，更加市场化。2012年成为保险公司开启新时代的“元年”，6月份，保监会“大连投资改革会议”之后，保险资金运用拟发布规章及规范性文件暨“投资新政13条”陆续出台，极大地拓宽了险资的投资范围，这不仅能帮助规模庞大的险资提高收益率，更为保险资产管理公司加入“资管阵营”扫清了障碍。同时，《保险资金委托投资管理暂行办法》等资金委托政策的出台，清晰了保险资金与其他资管机构的合作路径，也推动了保险公司利用保险资产管理公司平台向全面资产管理进军。

2012年底，保险资金运用余额为6.85万亿元，占行业总资产的93.2%。其中银行存款2.3万亿元，占34.16%；各类债券3.06万亿元，占44.67%；股票和基金8080亿元，占11.8%；长期股权投资2,151亿元，占3.14%；投资性不动产362亿元，占0.53%；基础设施债权投资计划3240亿元，占比4.73%。2012年，行业实现投资收益2,085.09亿元，投资收益率3.39%，为近年来的低点。

保险行业资产总额从2001年起规模快速增长（见图1-10），截至2012年底，保险资金总资产达到了7.36万亿元，较比2011年增长22.29%，虽然总量已经突破7万亿元，但是增速放缓，为2010年以来的最低值。2012年1—12月，保险资金运用比例来看，银行存款在30%~33%之间，其他投资所占比例稳定在66%左右，10月下旬保监会出台各项投资新政之后，对于存款和投资资产比例并未产生结构性变化（见图1-11）。

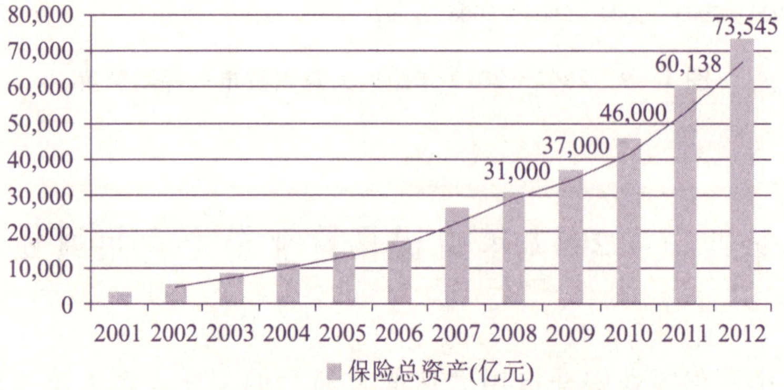

图1-10 2001—2012年保险总资产变化情况

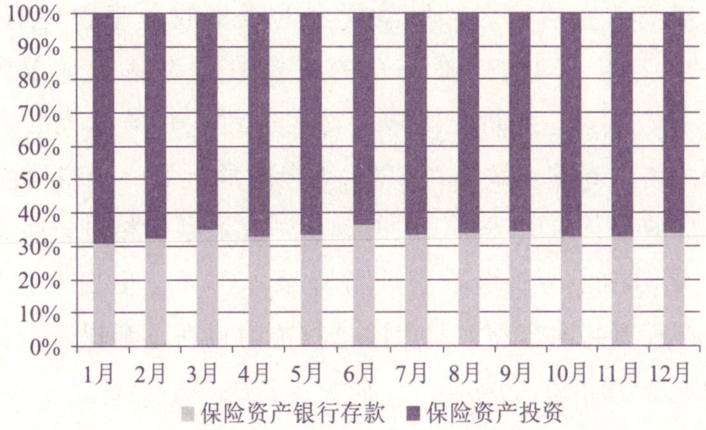

图 1－11　2012 年 1—12 月保险资产银行存款与投资比例

由于险金投资的不断松绑，保险公司资产呈现多元化，投资工具不断创新。从 2002—2012 年中国保险资金运用结构表（表 1－26）看出，从 2002 年开始，保险资金在银行存款比例呈下降趋势，2007 年下降至 24.39% 的历史新低。由于金融危机后中国资本资产出现较大的波动，保险金的银行存款比例有所回升，截至 2012 年底，全国保险金银行存款占比 34.16%。相比之下，保险金投资债券、证券投资基金（包括股票）比重呈明显上升的趋势。2002 年，保险金买卖债券比例为 20%，2007 年上升到最高峰（57.88%），接近扩增了 38 个百分点；而证券投资基金比例从 2002 年的 5.6% 增加到 2007 年的 27.11%，期间 5 年的时间增加了快 4 倍。由于 2009—2012 年，股票与债券收益降低，2012 年保险资金投资债券和证券投资基金的比例分别下降至 44.67%、11.80%。

表 1－26　　2002—2012 年中国保险金运用结构

年份	银行存款	债券	证券投资基金	其他投资
2002	54.70%	20.00%	5.60%	19.70%
2003	52.10%	16.00%	6.21%	25.69%
2004	46.50%	24.80%	6.30%	22.40%
2005	36.66%	52.66%	8.97%	1.71%
2006	33.67%	53.15%	10.03%	8.05%
2007	24.39%	43.98%	27.11%	4.52%
2008	26.47%	57.88%	13.33%	2.32%
2009	28.07%	50.99%	18.53%	2.41%
2010	30.17%	49.89%	16.73%	3.21%
2011	31.97%	47.09%	15.68%	5.31%
2012	34.16%	44.67%	11.80%	9.37%

在投资渠道逐步放宽的同时，保险资金的投资收益率整体有所提升（见图 1－12）。2002—2007 年，国内保险资金的投资收益率基本呈单向上升的态势，2007 年保险金的投资收益达到历史高峰，首次达到了 10% 以上的收益率，这主要是中国股票价格一路走高的引致。在 2008 年金融危机后，国内保险资金投资收益率随着资本市场的波动，也出现比较大的起伏。在股票价格进一步走低，资本市场陷入低迷，2012 年国内保险资金投资收益降至 3.39%，但由于投资渠道的增多，国内保险公司资产配置趋向合理，对风险抵抗能力也在逐渐提升，保险金投资收益率正朝稳定方向发展。

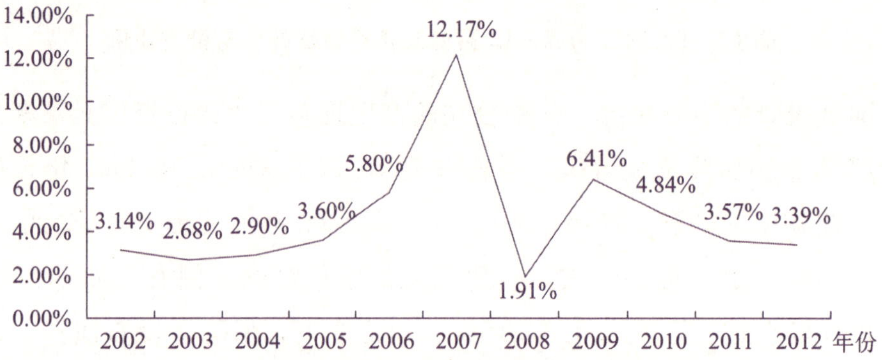

图 1－12　2002—2012 年保险资金投资收益率走势

第五节　2013 年中国保险业发展展望

一、2013 年中国保险业的发展环境

近年来我国经济得到了迅速的发展，国民生产总值以极快的速度增长（见表 1－27），从 2000 年至 2012 年，十多年的时间我国国民生产总值就已经增长了近 5.23 倍，平均每年的增长率约为 13.57%，而 2012 年我国人均国民生产总值已经达到 38，353 元人民币，是 2000 年的 4.9 倍。近 13 年我国国民生产总值的增长率一直比较稳定，基本上都可以达到在 10% 以上，在金融危机席卷全球的今天，能保持如此之高的增长速度实属不易。从目前我国经济发展的态势来看，未来一段时间我国国民生产总值仍然会以较快的速度发展。我国《国民经济和社会发展第十二个五年规划》提出了国民经济和社会发展的五项措施：加快转变经济发展方式，开创科学发展新局面；坚持扩大内需战略，保持经济平稳较快发展；推进农业现代

化，加快社会主义新农村建设；发展现代产业体系，提高产业核心竞争力；促进区域协调发展，积极稳妥推进城镇化。这五项措施必将为我国国民经济在“十二五”期间的发展起到巨大的推动作用。人均国民生产总值的大幅度增加使得我国居民的消费类型可以更进一步由生存性资料的消费过渡到享受性资料的消费，这为我国保险市场的发展提供了巨大的需求。

表1-27　2000—2012年我国国内生产总值和人均国内生产总值

年份	国内生产总值（亿元）	人均国内生产总值（元）
2000	99, 214.55	7, 828.01
2001	109, 655.17	8, 591.85
2002	120, 332.69	9, 367.84
2003	135, 822.76	10, 510.40
2004	159, 878.34	12, 299.47
2005	184, 937.40	14, 143.70
2006	216, 314.40	16, 456.27
2007	265, 810.30	20, 117.48
2008	314, 045.40	23, 647.64
2009	340, 902.81	25, 545.36
2010	401, 512.80	29, 943.31
2011	473, 104.00	35, 113.67
2012	519, 322.10	38, 353.53

数据来源：中国统计局。

二、2013年中国保险业发展展望

总体来看，我国保险业仍处在发展的黄金时期。虽然国民经济的快速增长势头有所放缓，但由于我国的保险密度和保险深度和世界平均水平仍有较大的差距，中国保险市场的发展潜力很大。而且人民生活水平的提高、风险保障意识的日益增强，为保险业继续保持快速发展提供了良好的外部环境。目前中国保险行业发展的主线是抓服务、严监管、防风险、促发展。保险行业在努力提升保险服务质量和水平与改善行业形象的同时，将继续保持持续快速稳定的发展态势。

第一，加强防范金融风险，加快推进系统重要性保险机构认定。风险防范是金融机构经营管理的重要环节，系统重要性金融机构的认定一开始主要是针对银行业，但随着时间的推移，保险业也将被纳入其中。虽然保险业在金融危机中表现出较好的恢复力，但全球金融体系重组和治理措施的调整必然会影响到保险业，加强风险防范能确保保险市场安全稳定健康运行。我国系统重要性保险机构的认定工作正在推进，2013 年这项工作也将继续推进，保险业风险识别、防范和预警机制将进一步完善，促进风险处置机制的形成。

第二，丰富保险产品种类，拓宽保险服务领域。为了更好地发挥保险服务功能，将不断丰富保险产品，拓宽保险服务领域。除大力发展个人寿险、健康保险、养老保险、企业年金业务、与汽车住房消费有关的保险业务外，保险业在 2013 年的工作重点将体现在以下四个方面：（1）推动个人税收递延型养老保险试点的开展；（2）总结推广商业保险参与社会保障、医疗保障体系建设的经验和做法；（3）加快发展与公众利益密切相关的环境污染、公众安全等责任保险；（4）继续争取政府支持，建立巨灾保险体系，完善巨灾风险分散转移和补偿机制。其中个人税收递延型养老保险试点的开展对我国养老保险制度与寿险行业未来的发展有极大意义。

第三，继续推进保险营销员管理体制改革。保险营销员队伍是保险中介市场的重要组成部分，近年来保险营销员管理体制改革的呼声越来越高。2012 年 10 月 8 日，中国保监会发布《关于坚定不移推进保险营销员管理体制改革的意见》，此意见正式将营销员体制改革推到台前，并且首次明确提出保险营销员管理体制改革的三年、五年和长期目标，将选择适当时机和地区先行试点，分别实现阶段性目标和整体目标。2013 年将是中国保险营销员管理体制改革进程中的重要一年，一系列具体改革措施将在监管部门指导下施行。

第四，进一步拓宽保险资金投资渠道，优化保险公司资产配置。目前投资渠道拓宽的“13 条”新政已经正式推出 10 条，预计其余规定也将尽快推出，这些政策的实施和落实也将是 2013 年保险业的重点工作之一。投资渠道将得到全面拓宽，保险资金将取得长期稳定收益，这将促进保险业务的健康可持续发展，也将对保险公司于商业银行、信托公司以及证券公司间的各项业务带来深刻的影响。

第五，推动保险业组织体系优化，促进主体多元化保险市场形成。2012 年，保监会批准 13 家保险公司成立了保险销售公司，鼓励保险销售专业化、职业化经营，这为建成市场体系完善、服务领域广泛的现代保险业奠定了良好基础。为适应经济社会发展需要和市场需求，2013 年将继续优化保险业组织体系，促进形成主体多元化的保险市场格局。

2012 年是“十二五 ”规划的第二年，也是中国保险业“十二五”规划承上启下的一年。中国保险业在经济形势非常严峻的情况下实现了稳步发展，保险业改革开放顺利推进，市场体系建设取得成效。

2013年是“十二五”规划实施的关键年，国内经济形势有望逐步转好，经济总量将持续增长，和谐社会建设将稳步推进。新形势下，保险业需要抓住机遇，继续促进行业转型，努力将综合水平提升到一个新的台阶。展望2013年，中国保险业机遇与挑战并存，抓服务、严监管、防风险、促发展还将是发展的主线，仍然需要在加强风险防范、拓宽服务领域、创新营销模式、优化资产配置、规范市场体系等方面做出不懈努力。

第二章
中国保险公司信息披露评估分析

此评估分析主要是根据中国保险监督管理委员会于2010年6月12日正式实施的《保险公司信息披露管理办法》（中国保险监督管理委员会令2010年第7号）的有关规定，对保险公司2012年度的信息披露报告进行分析。此部分主要从信息披露行为、信息披露内容、信息披露准确性以及信息披露合规性方面进行分析，并给出相应的统计结果；同时，我们还给出了信息披露情况综合评价的结果，该结果基于“信息熵模型”方法，包括得分和排名，并按照人身险和财产险分别给出，涉及58家人身险公司和59家财产险公司。

虽然我们对保险公司的年度信息披露报告进行了分析，但是，我们不保证各个公司自己的年度信息披露报告的数据和内容等都是没有做虚假陈述、都是真实的。

第一节　我国保险公司信息披露制度的沿革、现状和展望

2011年以前，保险业对保险公司的信息披露并没有完整的体系，而是零散在各个法规中，如《保险法》、《投资连接保险管理暂行办法》等。2000年，证监会出台《公开发行证券公司信息披露编报规则第3号——保险公司招股说明书内容和格式特别规定》和《公开发行证券公司信息披露编报规则第4号——保险公司信息披露特别规定》，对保险公司上市的信息披露进行了规范；2009年，保监会出台了《人身保险新型产品信息披露管理办法》，对投资连接保险、万能保险、分红保险的信息披露要求做了详细规定。2011年，保监会颁布了《保险公司信息披露管理办法》（以下简称《办法》），并于2011年6月12日正式实施，要求保险公司

信息披露应当遵循真实、准确、完整、及时、有效等原则，要求各保险公司披露公司基本信息、财务会计信息、风险管理状况、保险产品经营状况、偿付能力、重大关联交易等重大事项，进一步完善了我国保险公司信息披露体系。我国保险业信息披露体系主要包括：

从披露主体看，我国保险业面向社会公众的信息披露分为保险监管部门的信息披露、保险行业协会的信息披露以及保险公司的信息披露等三个层次。其中，保监会根据《中国保监会政府信息公开办法》，在网站发布政务工作等 14 个方面的内容。此外保监会还通过受理政府信息公开申请、召开新闻发布会和新闻通气会，编印《中国保险年鉴》和《中国保险市场年报》等多种方式公开保险业财务、业务等信息。

中国保险行业协会目前披露的内容包括保险从业人员行为准则实施细则、保险公司交强险专题审计报告和交强险精算报告、车险自律倡议书以及中国寿险理财规划师、中国员工福利规划师、中国寿险管理师的资格认证情况等。

保险公司的信息披露包括：一是根据《人身保险新型产品信息披露管理办法》，人身保险公司及其代理人应向投保人、被保险人、受益人及社会公众描述新型产品的特性、演示保单利益测算以及经营成果等信息。二是披露理赔（给付）服务流程。按照《关于公布保险理赔（给付）程序，进一步做好理赔服务工作的通知》要求，各保险公司应在公司网站上公布理赔（给付）服务的具体流程、所需材料清单、联系电话和投诉电话，方便客户索赔和申请保险金，着力解决理赔（给付）服务中存在的问题，切实维护保险消费者的合法权益。三是披露财产保险承保理赔信息。根据《关于印发 < 中国保监会关于建立财产保险承保理赔信息客户自主查询制度的工作方案的通知》，财产保险公司应逐步将承保信息、缴费信息、批改信息、理赔信息、手续费信息、投保渠道信息进行披露，最终实现所有险种的承保理赔信息客户均可自主查询，推动财产保险公司提高精细化管理的能力和客户服务品质，促进财产保险行业规范经营，切实保护被保险人合法权益。四是《保险公司信息披露管理办法》，对保险公司的信息披露内容和方式作了详细的规定。

通过与国外比较研究发现，我国保险公司信息公开披露主要存在信息平台建设不完善的问题，网络平台是信息公开披露的重要载体。从国内各大保险公司网站浏览的情况看，多数保险公司在信息披露的内容、频度、格式等方面与国外公司相比差距较大。未来信息披露中要从以下几个方面进行改善：

（1）注重信息披露的协作性，发挥综合监管效应。要加强与其他金融监管部门在信息公开披露方面的协作，避免监管真空，同时也要防止过度监管和重复监管，加重保险公司负担。特别要加强对非上市公司和新成立公司信息公开披露工作的指导，促进保险公司投资领域和新型业务的信息披露。推动不同监管部门对保险公司信息披露格式和标准的统一，做好保险机构对社会公众和监管部门的信息披露的协调。

（2）注重信息披露的预警性，强化审慎监管理念。要发挥信息披露对保险公司风险暴露和释放的前瞻作用，以风险敞口为导向建立健全基本信息的定期披露和重大信息的不定期披露制度，推动完善保险公司自我管理、协助行政部门强化管理和社会公众外部监督管理机制。逐步推动信息披露从保险公司层面向保险产品和市场行为延伸，做好从广告宣传、产品销售到保险服务和理赔各个环节微观层面的信息披露。

（3）注重信息披露的常态性，深化透明度监管。要研究建立保险公司信息公开披露考核管理制度，并将考核结果作为保险公司内控管理水平和分类监管的重要指标。要督促保险公司建立信息公开的长效机制，完善披露平台建设，真正把信息披露与保险业务流程管控和公司形象宣传展示结合起来。

（4）注重信息披露的有效性，提高信息社会利用度。要积极指导行业协会依托电子信息手段，以信息公开披露为抓手，大力推动宏观、中观和微观层面信息的收集、整理、分析和开发，建立各类保险机构、产品、服务标准及从业人员信用的查询平台，方便投保人及时查询了解保单相关信息，如购买保险所包含的险种类别、责任范围、保险合同变更信息，保险有效期限、保险赔付情况以及相关机构和人员的诚信程度等信息，切实维护保险消费者利益，提高信息利用度。

第二节 保险公司信息披露情况分析

一、保险公司信息披露办法简介

中国保险公司竞争力评价是以保险公司信息披露报告为基础，信息披露报告的内容对评价结果有直接影响。所以为了使保险公司竞争力评价更具科学性，笔者对保险公司信息披露质量做了科学评估，目的是了解 2013 年各家保险公司信息披露的整体情况，是否符合保监会在 2010 年 4 月公布的《保险公司信息披露办法》的要求。

《保险公司信息披露办法》（中国保险监督管理委员会令2010年第7号，以下简称《办法》，内容见附录）明确了“信息披露”的含义，即指“保险公司向社会公众公开其经营管理相关信息的行为”，并且要求保险公司信息披露应当遵循真实、准确、完整、及时、有效的原则，不得有虚假记载、误导性陈述和重大遗漏，同时鼓励保险公司在法律、行政法规和中国保监会规定的基础上披露更多信息。从这当中可以看到，信息的“完全性”、“准确性”、“真实性”、“充足性”是《办法》要求的着力点，这也是笔者进行质量评估的重要视角。

除此之外，《办法》也对信息的“及时性”进行了说明，例如在“信息披露方式和时间”上做了明确规定，即保险公司应当在公司网站上披露公司基本信息；同时应当制作年度信息披露报告，且在每年4月30日前在公司互联网站和中国保监会指定的报纸上发布年度信息披露报告，如果保险公司发生重大家交易信息、重大事项信息时，应当自事项发生日起10个工作日内编制临时信息披露报告，并在互联网站上发布。

为了是信息披露的工作更加规范，《办法》还对对“信息披露内容”做了详细规定，即包括7大块内容：基本信息；财务会计信息；风险管理状况信息；保险产品经营信息；偿付能力信息；重大关联交易信息；重大事项信息。

《办法》的详细规定为笔者进行质量评估提供了标准，笔者的信息披露质量评估完全从“合规”的角度来对保险公司的信息披露报告进行评价，它试图回答这样一些问题：各家保险公司的信息披露报告的情况到底如何？披露行为是否符合保监会《办法》中规定的各项要求？披露的信息是否具备完整性、有效性、真实性？保险公司整体上信息披露相对于去年是否有所提高？人身险公司和财产险公司信息披露整体状况如何？中资和外资公司信息披露情况有无差异等等。

那么回答这些问题能够带来哪些益处呢？主要集中在以下一些方面：

第一，监管部门可以更直观地了解规章的执行力度和执行效率。长期以来，对规章制度的执行情况的评价是一个令人头痛的问题，除了一方面调查存在困难之外，没有有效的量化措施和量化标准也是一个令人困扰的地方。

第二，有助于了解行业整体的信息披露情况。为加强社会主义市场经济体系建设，无论国家层面还是行业层面，都在努力加强信息披露工作。保险行业的信息披露质量如何？至少笔者的研究可以在此角度给出一个量化的参考。

第三，有助于公司对自身披露质量有个客观真实的认识，有更加明确的定位。特别是对各家保险公司进一步提高信息披露的质量，具有指导意义。

在进行信息披露质量评估中，笔者选取保监会公布的《办法》作为唯一标准，从《办法》中强调的“真实、准确、完整、及时、有效”等方面进行量化研究。

同时，笔者注意到《办法》中对人身保险公司和财产保险公司有不同的要求，这主要体现在第四类“保险产品经营信息”上，其区别如下：

人身保险公司披露的产品经营信息是指上一年度保费收入居前5位的保险产品经营情况，包括产品的保费收入和新单标准保费收入；

财产保险公司披露的产品经营信息是指上一年度保费收入居前5位的商业保险险种经营情况，包括险种名称、保险金额、保费收入、赔款支出、准备金、承保利润。

这样，笔者的信息披露质量评估也分为人身险公司和财产险公司。

在人身险方面，笔者的信息披露质量评估对象包含58家保险公司：其中外资公司23家，中资公司35家。

在财产险方面，笔者的信息披露质量评估对象包含59家保险公司：含中资公司38家，外资公司21家。

整体上，评估对象共117家，基本涵盖了所有在2013年5月底已经公布信息披露报告的保险公司。表2－1给出了参与信息披露质量评估的保险公司数量。

表2－1　　参与信息披露质量评估的保险公司

	人身险公司	财产险公司
中资	35	38
外资	23	21
合计	58	59

二、指标设立、赋值和统计

指标的设定除了满足《办法》要求的真实、准确、完整、及时、有效外，还应该能同时反映整体信息和单项信息，鉴于此，笔者设立的指标分为四类，分别反映信息披露质量的不同角度：

- A 披露行为角度，主要度量披露行为的及时性和合规性。

该指标包括：

A1：披露时间，该指标以保监会公布的4月30日为红线，在这之前为正值，之后为负值；

A2：重大事项及时公告，该指标看公司信息披露质量报告中是否有重大事项及是否及时公告，符合要求的为1，不符合的为0；

A3：网站披露信息，该指标衡量被评估公司是否在网站上及时公布信息，符合要求的为1，不符合的为0；

A4：指定媒体披露信息，该指标衡量被评估公司是否在网站上及时公布信息，符合要求的为1，不符合的为0；

• B 内容角度，主要衡量内容的可靠性、一致性以及准确性。

该指标包括：

B1：内容冲突检验，主要衡量信息披露报告是否内容冲突，如果有则为0，没有为1；

B2：更正与补充行为，主要衡量信息披露报告是否有更正行为或者补充行为，如果有则为0，没有为1；

B3：质疑记录，主要衡量信息披露报告是否有他人质疑记录，这主要包括媒体质疑，第三方质疑等，如果有则为0，没有为1；

B4：内容可靠性检验，主要衡量信息披露报告是否可靠，这个通过抽验来完成，如果通过则为1，否则为0；

• C 信息量角度，主要衡量信息披露报告的信息量大小。

该指标包括：

C1：页码，主要统计信息披露报告的页码数；

C2：字数，主要统计信息披露报告的字数；

C3：补充信息，主要衡量补充信息是否充足，充足为1，不充足为0；

• D 具体内容信息，信息合规性，主要衡量信息披露报告的完整性、可靠性、准确性、真实性。

在第D类信息合规角度中有7个分项指标，对应了《办法》中详细规定的7大类披露内容：包括：D1 基本信息，D2 财务会计信息，D3 风险管理状况信息，D4 保险产品经营信息，D5 偿付能力信息，D6 重大关联交易信息，D7 重大事项信息。按照《办法》要求，D1～D5 每项分量都包含若干小项。对每项分量进行评估，就是看披露报告中这项分量涵盖了这些小项的情况。每个小项1分，如果涵盖了则记分1，没有涵盖记分0。最后得的分数加和作为该分量的最后得分。

该指标包括：

D1：基本信息，共20小项，每项有则得分1，没有为0，结果加和。

20小项包括：

1 法定名称及缩写，

2 注册资本，

3 注册地，
4 成立时间，
5 经营范围和经营区域，
6 法定代表人，
7 客服电话和投诉电话，
8 各分支机构营业场所和联系电话，
9 经营的保险产品目录及条款，
10 近三年股东大会主要决议，
11 董事简历，
12 董事履职情况，
13 监事简历，
14 监事履职情况，
15 高级管理人员简历，
16 高级管理人员职责，
17 高级管理人员履职情况，
18 公司部门设置情况，
19 持股 5% 以上的股东情况，
20 持股 5% 以上的股东持股情况。

D2：财务会计信息，15 小项，每项有则得分 1，没有为 0，结果加和。

15 小项包括：

1 资产负债表，
2 利润表，
3 现金流量表，
4 所有者权益变动表，
5 财务报表的编制基础，
6 重要会计政策说明，
7 会计估计的说明，
8 重要会计政策变更说明，
9 会计估计变更的说明，
10 或有事项，
11 资产负债表日后事项，
12 表外业务的说明，
13 对公司财务状况有重大影响的再保险安排说明，
14 企业合并、分立的说明，
15 财务报表中重要项目的明细。

D3：风险管理信息，共 7 小项，每项有则得分 1，没有为 0，结果加和。

7 小项包括：

1 对保险风险的识别和评价；
2 对市场风险的识别和评价；
3 对信用风险的识别和评价；
4 对操作风险的识别和评价；
5 对风险管理组织体系简要介绍；
6 风险管理总体策略；
7 风险管理总体策略执行情况。

D4：保险产品经营信息，人身险共 3 小项，财产险共 6 小项，每项有则得分 1，没有为 0，结果加和。

财产险 3 小项包括：

1 上一年度保费收入居前 5 位的保险产品名称；

2 前 5 位保险产品的保费收入；

3 前 5 位保险产品新单标准保费收入。

人身险 6 小项包括：

1 上一年度保费收入居前 5 位的商业保险险种名称；

2 保险金额；

3 保费收入；

4 赔款支出；

5 准备金；

6 承保利润。

D5：偿付能力信息，共 7 小项，每项有则得分 1，没有为 0，结果加和。

7 小项包括：

1 公司的实际资本；

2 公司最低资本；

3 资本溢额或者缺口；

4 偿付能力充足率状况；

5 相比报告前一年度偿付能力充足率的变化及其原因；

7（如果偿付能力充足率不足）偿付能力充足率不足的原因。

D6：重大关联交易，通过媒体查验，如果有且披露了则记分 1；如果有但没有披露则违反了《办法》规定，记分 0；其他情况记分 1。

该分量在《办法》里的要求是有则披露。笔者评估的方法是媒体查验，看报告中是否披露了“公开渠道已经公布”的以下 6 项内容：

1 交易对手；

2 定价政策；

3 交易目的；

4 交易的内部审批流程；

5 交易对公司本期和未来财务及经营状况的影响；

6 独立董事的意见。

如果有且披露了则记分 1；有没有披露则违反了《办法》规定，记分 0；其他情况记分 1。

D7：重大事项，如果有且披露了则记分 1；如果有但没有披露则违反了《办法》规定，记分 0；其他情况记分 1。

该分量类似 D6，在《办法》里的要求是有则披露。评估方法仍然是媒体查验，看报告中是否披露了“公开渠道已经公布”的以下 13 项信息：

1 控股股东或者实际控制人发生变更；

2 更换董事长或者总经理；

3 当年董事会累计变更人数超过董事会成员人数的 1/3；

4 公司名称、注册资本或者注册地发生变更；

5 经营范围发生重大变化；

6 合并、分立、解散或者申请破产；

7 撤销省级分公司；

8 偿付能力出现不足或者发生重大变化；

9 重大战略投资、重大赔付或者重大投资损失；

10 保险公司或者其董事长、总经理因经济犯罪被判处刑罚；

11 重大诉讼或者重大仲裁事项；

12 保险公司或者其省级分公司受到中国保监会的行政处罚；

13 更换或者提前解聘会计师事务所。

如果有且披露了则记分 1；有没有披露则违反了《办法》规定，记分 0；其他情况记分 1。

为使上述指标得分结果具有一致性，也是为了后期处理方便，我们对上述指标进行了变换，将其转换为 1～2 之间的数值。

1 意味着完全没有提供信息， 2 意味着完全符合规定。

指标转换需要考虑三种情况：

- 第一类是取值为 0 和 1 的指标：变换只需要将 0 变为 1，1 变成 2 即可；
- 第二类是 0～1 之间的指标，主要指 D 类前 5 个小项指标 D1, D2, D3, D4, D5：只需要将其结果加 1 即可，这样结果就位于 1～2 之间；
- 第三类是其他取值为整数的指标：变换时使用距离法，设该指标初始为“t 原始”，所有样本的原始指标的“最大值”、“最小值”，变换后的指标为 t，则变换公式为：

t = 1 + （t 原始 - 最小值?）/（最大值 - 最小值?）

该结果为一个 1～2 之间的数。

三、指标统计结果

根据以上四大类 18 个分项指标，对 117 家保险公司的信息披露报告进行统计赋值，最后得到人身险和财产险的得分结果：

人身险公司 58 家，每家有 18 个指标得分，共 58 × 18 个数据；

财产险公司 59 家，每家有 18 个指标得分，共 59 × 18 个数据；

然后对上述数据进行统计分析。

（一）指标维度的统计结果

对 18 项指标中的每项指标进行统计，对于人身险公司来说，计算该指标下，58 家公司得分的平均值和最大值、最小值；对于财产险公司来说，计算该指标下，59 家公司得分的平均值和最大值、最小值。该结果可以清晰地展示信息披露情况，了解哪些指标角度下，信息披露尚有欠缺。表 2 - 2 给出了人身险公司指标维度的统计结果。

表 2－2　　人身险公司指标统计结果

评价角度及原则	分项指标	最高分	最低分	平均分
A 行为角度：及时性	A1 披露时间	2	1	1.53
	A2 重大事项及时公布	2	1	1.98
	A3 网站披露信息	2	1	1.93
	A4 指定媒体披露信息	2	1	1.17
B 内容角度：准确性、可靠性、一致性	B1 内容冲突	2	1	1.97
	B2 更正与补充行为	2	1	1.84
	B3 质疑记录	2	2	2.00
	B4 内容可靠性抽检	2	2	2.00
C 信息量角度：充分性	C1 页码	2	1	1.54
	C2 字数	2	2	2.00
	C3 披露报告补充信息	2	1	1.21
D 信息合规：完整性、可靠性、准确性、真实性	D1 基本信息	2	1.35	1.55
	D2 财务会计信息	2	1.4	1.83
	D3 风险管理信息	2	1.29	1.92
	D4 保险产品经营信息	2	2	2.00
	D5 偿付能力信息	2	1	1.93
	D6 重大关联交易	2	1.14	1.83
	D7 重大事项	2	2	2.00

从表 2－2 看，本年度信息披露情况总体较好，18 个指标中，有 5 个指标平均分为 2，这意味着，全部公司在这 5 个指标上都完全符合保监会的规定，拿到了最高分。

除此之外，在保险产品经营信息、网站披露信息、内容冲突、偿付能力信息、风险管理信息方面，公司整体平均分都达到或超过了 1.9，这意味着在这些方面信息披露工作较好。表 2－3 给出了各指标的得分顺序。

表 2－3　　财产险公司指标统计结果

指标得分顺序	指标角度	平均分
1	A2 重大事项及时公布	2
2	B3 质疑记录	2
3	B4 内容可靠性抽检	2
4	C2 字数	2
5	D7 重大事项	2
6	D4 保险产品经营信息	1.98

续表

指标得分顺序	指标角度	平均分
7	A3 网站披露信息	1.93
8	D3 风险管理信息	1.93
9	B1 内容冲突	1.9
10	B2 更正与补充行为	1.83
11	D2 财务会计信息	1.83
12	D5 偿付能力信息	1.75
13	D6 重大关联交易	1.75
14	D1 基本信息	1.54
15	C1 页码	1.41
16	A1 披露时间	1.37
17	C3 披露报告补充信息	1.14
18	A4 指定媒体披露信息	1.1

再来看财产险公司的情况，表2－4给出了财产险公司指标维度统计结果。

表2－4　　　　财产险公司指标维度统计结果

评价角度及原则	分项指标	最高分	最低分	平均分
A 行为角度：及时性	A1 披露时间	2.00	1.00	1.37
	A2 重大事项及时公布	2.00	1.00	1.90
	A3 网站披露信息	2.00	1.00	1.93
	A4 指定媒体披露信息	2.00	1.00	1.10
B 内容角度：准确性、可靠性、一致性	B1 内容冲突	2.00	1.00	1.90
	B2 更正与补充行为	2.00	1.00	1.83
	B3 质疑记录	2.00	2.00	2.00
	B4 内容可靠性抽检	2.00	2.00	2.00
C 信息量角度：充分性	C1 页码	2.00	1.00	1.41
	C2 字数	2.00	2.00	2.00
	C3 披露报告补充信息	2.00	1.00	1.14
D 信息合规：完整性、可靠性、准确性、真实性	D1 基本信息	2.00	1.35	1.54
	D2 财务会计信息	2.00	1.47	1.83
	D3 风险管理信息	2.00	1.43	1.93
	D4 保险产品经营信息	2.00	1.00	1.98
	D5 偿付能力信息	1.86	1.57	1.75
	D6 重大关联交易	2.00	1.14	1.75
	D7 重大事项	2.00	2.00	2.00

从表2-4中看出，财产险公司18个指标中，有4个指标平均分为2，这意味着，全部公司在这4个指标上都完全符合保监会的规定，拿到了最高分。

除此之外，在保险产品经营信息、网站披露信息、风险管理信息、重大事项及时公布，内容冲突上，公司整体平均分都达到或超过了1.9，这意味着在这些方面信息披露工作较好。表2-5给出了各指标的得分顺序。

表2-5　　财产险公司指标得分顺序

指标得分顺序	指标角度	平均分
1	B3 质疑记录	2.00
2	B4 内容可靠性抽检	2.00
3	C2 字数	2.00
4	D7 重大事项	2.00
5	D4 保险产品经营信息	1.98
6	D3 风险管理信息	1.93
7	A3 网站披露信息	1.93
8	A2 重大事项及时公布	1.90
9	B1 内容冲突	1.90
10	D2 财务会计信息	1.83
11	B2 更正与补充行为	1.83
12	D5 偿付能力信息	1.75
13	D6 重大关联交易	1.75
14	D1 基本信息	1.54
15	C1 页码	1.41
16	A1 披露时间	1.37
17	C3 披露报告补充信息	1.14
18	A4 指定媒体披露信息	1.10

（二）公司维度的统计结果

表2-6给出了人身险公司18个指标的平均结果。但应注意到的是，平均分并不适合做公司整体信息披露情况的代表，这是因为，在整体的披露行为当中，有一些指标因为大多数公司达到或者未达到而变得影响力不同，而平均分却相当于赋予它们不同的权重，掩盖了整体信息披露情况的客观影响①。

① 考虑整体信息披露情况影响的方法在统计学上有多种，其中“信息熵”是应用较广泛的一种，具体内容可以参考笔者基于熵模型的“2013年信息披露质量研究”（《保险研究》，2013年第7期，第1页）。

表 2-6　　人身险公司 18 个指标平均结果

公司名称	指标平均分	公司名称	指标平均分
和谐健康	1.75	太平养老	1.77
交银康联	1.89	泰康人寿	1.76
昆仑健康	1.80	泰康养老	1.78
恒安标准	1.76	天安人寿	1.79
平安人寿	1.83	新光海航	1.84
太平人寿	1.73	新华人寿	1.88
太平洋人寿	1.85	信诚人寿	1.78
长城人寿	1.81	平安人寿	1.84
中国人寿	1.86	阳光人寿	1.81
安邦人寿	1.67	英大泰和	1.77
平安人寿	1.85	平安人寿	1.87
北大方正	1.75	长江养老	1.77
光大永明	1.78	长生人寿	1.80
国华人寿	1.74	招商信诺	1.85
国泰人寿	1.90	正德人寿	1.78
海康人寿	1.76	中法人寿	1.82
华泰人寿	1.71	中国人寿	1.70
华夏人寿	1.82	中荷人寿	1.76
汇丰人寿	1.77	中宏人寿	1.65
平建信人寿	1.76	平安人寿	1.81
君龙人寿	1.77	中新大东	1.72
民生人寿	1.89	中意人寿	1.82
农银人寿	1.80	中英人寿	1.86
平安健康	1.79	中邮人寿	1.65
平安养老	1.80	合众人寿	1.80
人民健康	1.78	工银安盛	1.80
中国人民	1.84	中德安联	1.77
瑞泰人寿	1.77	中航三星	1.67
民生人寿	1.90	中美联泰	1.77

表 2-7 财产险公司 18 个指标平均结果，从整体看大部分公司平均分都在 1.7 以上，也说明整体披露情况较好。和人身险公司一样，平均分得结果也不适合进行排名和相对之间的比较，仅可以用来说明整体的披露情况。

表 2-7　　财产险公司 18 个指标平均结果

公司名称	指标平均分	公司名称	指标平均分
三井住友	1.80	安信农业	1.72
三星财产	1.76	安华农险	1.66
丘博保险	1.75	安联财产	1.82
东京海上	1.74	安诚保险	1.73
中华联合	1.77	安邦财产	1.75
中国人民	1.91	富邦财险	1.71
中国大地	1.85	平安财产	1.77
中意财产	1.89	年永诚财	1.75
中煤财险	1.70	日本兴亚	1.81
中航安盟	1.76	日本财产	1.77
中银保险	1.78	民安财险	1.75
丰泰信息	1.74	永安财险	1.47
乐爱金财	1.82	泰山财险	1.81
众诚保险	1.75	浙商财产	1.75
信利保险	1.76	渤海财险	1.79
信达财险	1.73	爱和宜财	1.77
利宝保险	1.73	现代财险	1.82
劳合社保	1.72	紫金财产	1.75
华农财险	1.80	美亚保险	1.72
华安财险	1.81	苏黎世保	1.73
华泰财产	1.78	英大泰和	1.73
国元保险	1.66	诚泰财险	1.71
国寿财险	1.75	都邦财险	1.80
国泰产险	1.77	锦泰财险	1.76
大众财险	1.71	长安责任	1.77
天安财产	1.42	长江财险	1.68
天平车险	1.51	阳光农业	1.71
太保财险	1.66	阳光财险	1.76
太平产险	1.76	鼎和财产	1.69
太阳联合	1.76		

第三节 保险公司信息披露质量评估结果与分析

在信息披露情况分析中，各家公司的得分侧重点有所不同，将A行为角度、B内容角度、C信息量角度以及D信息合规角度下各指标加和取平均值，可以得到各家公司在四个维度上的总体得分情况。

经过统计，内容角度各家公司相差不大，多为重分，暂不作统计。

一、人身险公司信息披露质量分析的结果

表2－8至表2－10给出人身险公司在披露行为角度、信息量角度以及信息合规角度下的排名（前十名）和得分。

表2－8 信息披露行为角度排名前十的人身险公司

披露行为角度排名	公司名称	分数
1	中英人寿	1.99
2	国泰人寿	1.93
3	中国人民	1.86
4	平安人寿	1.86
5	交银康联	1.85
6	民生人寿	1.85
7	民生人寿	1.85
8	长城人寿	1.81
9	招商信诺	1.81
10	昆仑健康	1.75

表2－9 信息量角度排名前十的人身险公司

信息量角度排名	公司名称	分数
1	中国人寿	2.00
2	新华人寿	2.00
3	华夏人寿	1.92
4	平安人寿	1.89
5	阳光人寿	1.88
6	国泰人寿	1.86
7	太平洋人	1.85
8	平安人寿	1.85
9	中国人寿	1.84
10	平安人寿	1.81

表 2 - 10 信息合规角度排名前十的人身险公司

信息合规角度排名	公司名称	分数
1	交银康联	2.00
2	昆仑健康	2.00
3	民生人寿	2.00
4	民生人寿	1.99
5	中意人寿	1.98
6	长城人寿	1.96
7	平安人寿	1.95
8	和谐健康	1.94
9	平安人寿	1.93
10	招商信诺	1.93

二、财产险公司信息披露质量分析的结果

表 2 - 11 至表 2 - 13 给出财产险公司在披露行为角度、信息量角度以及信息合规角度下的排名（前十名）和得分。

表 2 - 11 披露行为角度排名前十的财产险公司

排名	公司名称	得分
1	中国人民	2.00
2	中意财产	1.93
3	现代财险	1.82
4	华安财险	1.80
5	民安财险	1.78
6	安华农险	1.77
7	中航安盟	1.75
8	丰泰信息	1.75
9	众诚保险	1.75
10	平安财产	1.73

表 2 - 12 信息量角度排名前十的财产险公司

排名	公司名称	得分
1	安联财产	1.96
2	浙商财产	1.87
3	华泰财产	1.86
4	乐爱金财	1.81
5	中国人民	1.80
6	信利保险	1.80
7	中国大地	1.79
8	日本兴亚	1.78
9	富邦财险	1.67
10	阳光农业	1.64

表 2－13　　信息合规角度排名前十的财产险公司

排名	公司名称	得分
1	三井住友	1.98
2	华农财险	1.97
3	都邦财险	1.97
4	东京海上	1.96
5	中国大地	1.96
6	美亚保险	1.96
7	中意财产	1.95
8	渤海财险	1.92
9	现代财险	1.92
10	中华联合	1.90

三、信息披露质量总体排名与分析

整体信息披露质量评估的方法有多种，其中应用较为广泛并得到普遍承认的是信息熵模型①，它在上市公司信息披露质量评估方面已经获得了很好的结果，并具有分析过程客观、结果数值化、有利于比较和分析等多种优点。表 2－14 给出了人身险公司信息披露质量排名和得分②。

表 2－14　　人身险公司信息披露质量排名和得分

公司	得分	排名	公司	得分	排名
国泰人寿	94.61	1	中国人寿	92.09	7
民生人寿	93.47	2	中英人寿	91.80	8
交银康联	92.94	3	招商信诺	90.94	9
民生人寿	92.84	4	百年人寿	90.65	10
新华人寿	92.73	5	太平洋人	90.63	11
友邦人寿	92.34	6	中国人民	90.48	12

① 熵，entropy，本是热力学中的概念，用来度量系统的无序性，它在金融中的应用，并用来评价信息质量，源于熵与信息论的结合。1948 年，信息论的开创者香农（Shannon）在《Bell System Technical Journal》上发表了“A Mathematical Theory of Communication”一文，在该文中，香农正式提出了信息熵的概念，并用它来衡量了数据的信息量大小。

② 具体分析过程和技术请参考笔者文章“保险公司 2013 年度信息披露质量评估研究”，《保险研究》，2013 年第 7 期，第 1 页。

续表

公司	得分	排名	公司	得分	排名
新光海航	90.41	13	光大永明	85.95	36
平安人寿	90.23	14	英大泰和	85.65	37
幸福人寿	90.12	15	太平养老	85.59	38
华夏人寿	89.17	16	瑞泰人寿	85.58	39
长城人寿	89.06	17	中美联泰	85.50	40
阳光人寿	88.93	18	汇丰人寿	85.48	41
中法人寿	88.43	19	君龙人寿	85.28	42
中意人寿	88.11	20	中荷人寿	85.23	43
中航三星	87.89	21	中德安联	85.15	44
泰康养老	87.84	22	海康人寿	85.11	45
昆仑健康	87.63	23	和谐健康	85.05	46
中融人寿	87.53	24	恒安标准	85.02	47
农银人寿	87.38	25	平建信人	85.01	48
平安养老	87.31	26	泰康人寿	84.94	49
工银安盛	87.27	27	北大方正	84.82	50
长生人寿	87.11	28	国华人寿	84.03	51
合众人寿	86.98	29	太平人寿	83.92	52
平安健康	86.69	30	中国人寿	83.61	53
天安人寿	86.54	31	中新大东	83.10	54
正德人寿	86.37	32	华泰人寿	82.87	55
信诚人寿	86.21	33	安邦人寿	81.18	56
人民健康	86.15	34	中宏人寿	80.53	57
长江养老	86.03	35	中邮人寿	79.78	58

表2－15给出了财产险公司信息披露质量评估的最终排名和得分。

表2－15　财产险公司质量评估排名与得分

公司	得分	排名	公司	得分	排名
中国人民	95.33	1	现代财险	88.90	6
中意财产	92.76	2	华安财险	88.48	7
中国大地	90.26	3	日本兴亚	88.02	8
安联财产	89.35	4	泰山财险	87.02	9
乐爱金财	88.92	5	华泰财产	86.85	10

续表

公司	得分	排名	公司	得分	排名
华农财险	86.63	11	丘博保险	83.93	36
都邦财险	86.60	12	国寿财险	83.79	37
三井住友	86.51	13	东京海上	83.68	38
信利保险	86.08	14	紫金财产	83.42	39
渤海财险	85.84	15	英大泰和	83.37	40
浙商财产	85.59	16	利宝保险	83.33	41
中银保险	85.33	17	安诚保险	83.06	42
太保财险	85.16	18	天平车险	83.01	43
平安财产	85.13	19	劳合社保	82.98	44
中华联合	84.93	20	苏黎世保	82.98	45
长安责任	84.92	21	信达财险	82.68	46
民安财险	84.90	22	阳光农业	82.52	47
日本财产	84.88	23	富邦财险	82.46	48
中航安盟	84.80	24	诚泰财险	82.46	49
爱和宜财	84.79	25	安信农业	82.38	50
三星财产	84.78	26	美亚保险	82.35	51
国泰产险	84.74	27	大众财险	81.92	52
太阳联合	84.73	28	中煤财险	81.90	53
众诚保险	84.67	29	永安财险	81.34	54
锦泰财险	84.52	30	安华农险	81.04	55
年永诚财	84.46	31	鼎和财产	80.99	56
阳光财险	84.37	32	长江财险	80.24	57
太平产险	84.28	33	国元保险	79.90	58
丰泰信息	84.26	34	天安财产	78.84	59
安邦财产	84.13	35			

主要结论如下：

（1）从人身险公司排名和得分来看：

①大部分人身险公司信息披露都基本符合《办法》的要求，得分集中在85～93分之间，这个得分意味着各家公司在18个指标中至少有13个以上达到满分；

②从标准差看各家公司差别相对较小，差别反映在信息熵上，即1～2个指标之间的得分差距；

③从偏度和峰度看，没有质量披露异常的人身险公司，符合正态规律。

（2）从财产险公司排名和得分来看：

①均值为84.70，比人身险公司得分均值少2.6，说明财产险公司整体上信息披露质量不如人身险公司；

②标准差为2.93，相对于人身险公司，得分更加集中，但差距不大；

③中位数为84.52，仍然比人身险公司得分要低；

④偏度为1.14，相对峰度为2.63，这说明整体上财产险公司得分分布偏离正态分布，相互之间偏差较大。

⑤尽管与人身险公司得分有一定差距，但均值84.70分和中位数84.52仍然说明了大部分财产险公司信息披露也基本符合《办法》的要求；整体上得分仍然集中在83~90分之间，这个得分意味着各家公司在18个指标中至少有12个以上达到满分。

综上所述：①人身险公司87.30的均值相对于2012年信息披露的85.90的平均值有一定进步；②财产险公司84.70的均值相对于2012年信息披露的84.59的平均值进步不大；③两者均距离100分仍然有相当大的距离，因为100分表示信息熵全部为2，即完全符合《办法》的要求，所以这说明人身险公司和财产险公司仍然需要加强信息披露工作，并需要在信息披露的及时性、准确性、可靠性上再上一个台阶。

第三章
保险公司竞争力评价的理论与方法

第一节　保险公司竞争力的定义

中国对保险公司竞争力的实证研究方面，目前还处于初级阶段，关于保险公司的竞争力还没有一个比较明确的、较为广泛接受的定义。

姚壬元（2004）将保险公司竞争力定义为：保险公司在市场机制的作用下，合理充分地运用自身拥有的资源，提供适应市场经济要求和保险业发展规律的产品和服务，使之在市场竞争中相对于其竞争对手所表现出的长久和持续发展的能力。

姚壬元（2004）认为保险公司的竞争力是一个包括资源、能力、环境三要素在内的综合系统，每个要素又分解为不同的能力和指标体系，通过对指标要赋予权重，实现对保险公司竞争力的评价。指标权重的准确性在很大程度上影响了保险公司竞争力评价结果的科学性和正确性。

王成辉、江生忠（2006）指出，保险竞争力是一个保险行为主体与其他保险行为主体竞争保险资源的能力，它既指某一保险产品竞争力，也指某一保险公司的竞争力，还指保险行业竞争力和保险业的国际竞争力。他认为国内对保险公司的竞争力并没有形成定论，大多数研究是从定性分析的角度进行的。

在由《21 世纪经济报道》、21 世纪研究院金融研究中心联合美国加州大学组成的课题组（2009）认为，保险公司的竞争力是指在同一市场环境下，同业竞争者实现其经营目标的综合实力。保险公司的经营目标是满足保险经营的各利益参与者（所有者、投资者、管理者和客户）的利益，并且为保险公司自身创造持续、安全和稳健的价值。

王小平（2005）指出人寿保险公司的核心竞争力，就是寿险公司长期形成的，建立在先进的经营要素（如：客户关系、产品开发、销售体系、员工队伍等）基础上的相互融通、相互依存、相互促进、整体运作的能力。借助这一能力，寿险公司能够按国内寿险行业的一流标准销售保单、提供服务，保费收入和赢利能力领先于其他寿险公司。

国际上目前没有对保险公司竞争力的专门定义，通常对普遍的“企业竞争力”是这样定义的：竞争力是参与者双方或多方的一种角逐或者比较而体现出来的综合能力，它是一种相对指标，通过竞争表现出来；具体对企业来说，竞争力就是在竞争性市场条件下，通过培育自身资源和能力，获取外部可获得资源，并综合加以利用，在为顾客创造价值的基础上，实现自身价值的综合性能力。

综合以上结果，结合我们的经验和理解，给出保险公司竞争力的定义如下：

保险公司竞争力是保险公司根据行业和自身特点，在市场经济环境中，综合运用各种人力、物力、财力等资源，获得相对于竞争对手所表现出来的更强的生存能力、创新能力和持续发展能力的总和，是公司综合能力的体现。同时竞争力也是一个相对的概念，强调的是保险行业内竞争者之间的比较。

中国保险监督管理委员会于2010年6月12日颁布实施《保险公司信息披露管理办法》，绝大部分保险公司都按照此文件的规定对公司信息进行了披露。我们主要是根据保险公司据此披露的信息，以及保险年鉴、保监会网站等方面的有关信息，将“生存能力，创新能力和持续发展能力”细化为5个可度量的部分：赢利能力、资本管理能力、经营能力、风险管理能力和业务发展潜力，然后通过这5个方面来评价保险公司竞争力。

第二节 保险公司竞争力评价指标体系的构建与原则

根据保险公司竞争力的定义和保险公司负债经营的特征，我们通过构建赢利能力、资本管理能力、经营能力、风险管理能力和业务业务发展能力5个一级指标反映保险公司竞争力的不同方面；然后在每个一级指标下面构建若干个二级指标；最后通过对所有二级指标的综合分析得到保险公司综合竞争力的评价。同时通过对一级指标下面的二级指标的分析得到保险公司一级指标竞争力的评价。

由于人身险公司和财产险公司的经营模式、发展思路、监管要求等方面都有所区别，因此在构建二级指标时，这两类公司的指标有所不同。

一、保险公司竞争力评价指标构建的原则

保险公司竞争力是反映公司生存能力、创新能力和持续发展能力等的一个综合性指标。因此在构建指标时，必须能够反映保险公司的经营特点，并能够全面地体现竞争力的定义。

（一）可得性原则

可得性原则既是指具体指标的可量化和可计算性，又是指具体数据的可得性。

在进行保险公司竞争力评价时，各种指标的建立和定义不可避免。此时既要考虑各种指标的具体量化和计算方法，又要考虑各种数据的可获得性。近些年来，虽然我国的信息化建设取得了飞速发展，中国保监会于2010年6月12日起颁布施行了《保险公司信息披露管理办法》，中国保监会、保险行业协会、各公司自己的网站等都为相关研究提供了比较权威和系统的数据，但面临各种具体研究时，在数据方面仍然感到捉襟见肘。

（二）客观性原则

在构建指标时，既要客观反映人身险公司和财产险公司在经营模式、发展思路、监管要求等方面的区别，又能够体现出保险业的发展特点，并真实反映保险公司竞争力的各个不同方面。

（三）均衡性原则

课题组把二级指标分为三类：规模性指标、结构性指标和比率性指标。

规模性指标是指保费收入、资产规模等反映公司经营规模的指标；结构性指标是指反映公司当年的经营思路和发展水平的指标，它是由公司自己当年的经营业绩指标计算得到的，与公司往年的表现和其他公司无关，比如综合费用率、综合赔付率、退保率等指标。比率性指标是反映公司经营业绩的年度变化情况的指标，比如保费收入增长率、净利润增长率等指标。

毋庸讳言，以上各类指标对于不同类别公司竞争力的评价影响是不同的。规模性指标的设立对于成立时间较长的大型保险公司的竞争力评价结果比较有利；比率性指标对于成立时间较短、发展比较迅速的保险公司竞争力的评价结果有利；因此在设立指标时，需要考虑各类指标间的均衡性问题，特别是运用主成分分析方法、因子分析方法等进行保险公司竞争力评价时，均衡性原则尤其重要。

值得欣慰的是，中央财经大学“保险公司竞争力评价研究”课题组注意到了相关问题。我们除了在指标设立时，考虑到了均衡性原则外，我们还运用现代多

元统计分析方法，从公司和指标两个角度，对我们的评价结果进行了 Wilcoxon 符号检验，做稳健性分析。这也是我们课题组的一个创新性研究。

二、保险公司竞争力评价指标的构建

我们通过在综合竞争力定义下构建五个一级指标，在每个一级指标下建立数量不等的二级指标，得到保险公司竞争力评价的指标体系。

赢利能力是指企业获取利润的能力。利润是投资者取得投资收益、债权人收取本息的最终来源，是管理者经营业绩和管理效能的集中体现，也是职工集体福利不断完善的重要保障，因此企业赢利能力分析十分重要。赢利能力指标包括总资产增长率、总资产收益率、净资产增长率等二级指标。

资本管理能力即资本的筹集、分配及运用的能力，主要表现在偿付能力充足率上。偿付能力一直是保险业监管的重心，保险公司偿付能力是指保险公司偿还债务的能力。2008 年 7 月 10 日，保监会正式发布了《保险公司偿付能力管理规定》，其中第三条是保险公司应当具有与其风险和业务规模相适应的资本，确保偿付能力充足率不低于 100%。该项指标主要包括偿付能力充足率、认可资产负债率等二级指标。

保险公司经营能力是一个系统的概念，它指公司根据本身的内外部条件制定经营战略与计划的决策能力，以及进行各种活动的组织管理能力的总和。保险公司经营能力的强弱表明了资产的利用程度及使用效率，这在很大程度上决定了保险公司的经营效益以及由此产生的对债务偿付的保障程度。该项指标主要包括资本利用率、综合赔付率、综合费用率等二级指标。

保险公司的风险管理是对风险的识别、衡量和控制的技术方法，也可以指经济主体用以降低风险负面影响的动态连续过程，其目的是直接有效地推动组织目标的实现。保险公司风险管理的总体目标是实现企业价值最大化，企业价值最大化将通过风险成本最小化实现。在经济全球化、金融一体化迅猛发展的今天，保险公司所面临的风险越来越大，因此，加强对保险公司风险管理能力的监管是十分必要的。风险管理能力包括流动性比率、融资比例等二级指标。

保险公司业务发展潜力关系到公司的发展前景，比如保险公司未来的业务发展规模、市场份额占有状况、公司的发展潜力等等，因此，该项指标是衡量保险公司未来可持续发展能力的一个重要指标，应该重视对保险公司业务发展潜力的监管。影响保险公司业务发展的因素很多，主要包括原保费收入增长比率、发展系数等二级指标。

第三节 竞争力研究方法综述

由于保险公司竞争力指标是保险企业整个社会经济现象多面性、复杂性和交叉性的客观反映，不能人为地、主观地去掉或保留哪些指标，所以必须运用科学的、严格的定性和定量相结合的分析理论。国内文献中关于筛选、综合、优化保险公司竞争力指标体系的分析方法主要分为以下几种。

一、主成分分析方法和因子分析方法

这两种方法都通过简化数据结构达到降低维数的目的，把多个存在相关关系的指标化成少数几个互不相关的新的综合性指标。或者对原众多指标，按一定“原则”寻求原始指标的某种线性组合而形成新的综合指标（主成分变量）；或者把原始指标试图分解为公因子和特殊因子的线性组合（有时可忽略特殊因子）。这些新产生的主成分和公因子最大程度上反映了原始指标的信息（涵盖量达85%以上），之间互不相关，去除了重叠信息、个数又较少，而且层次较高、综合性较强，使形成的新指标体系达到最优。

在综合评价中，优化指标体系多用该类方法，即主成分分析法和因子分析法。这两种方法既有联系又有本质的区别，应用范围也不尽相同。首先主成分分析法和因子分析法简化数据结构的机理不同，主成分分析法是对具有复杂相关关系的原始指标 $X=(x_1,\cdots,x_p)$，寻求投影向量 a，选择具有方差最大或较大的新的线性组合变量，而舍去方差较小的变量；最后重新组合成个数较少、互不相关，但又最大程度上反映原始指标信息的主成分向量 $Y=(y_1,\cdots,y_m)(m<p)$，于是由原始评价指标 $x_1,\cdots,x_p$ 简化并优化为综合性指标 $y_1,\cdots,y_m$。

因子分析方法与主成分分析方法不同，其实质不是对数据进行数学变换，而是对于具有复杂相关关系的原始指标（变量）$X=(x_1,\cdots,x_p)$，通过寻找原始变量的共同方面来简化存在于原始变量之间的复杂关系，把各个测量本质相同的变量归入一个因子（公因子），这些公因子对原始变量起着重要的支配作用，公因子之间不相关，往往不可测，个数比原始变量个数要少（比如 m 个，$m<p$），是所有变量共同具有的公共因素。这样 p 个原始变量 $x_1,\cdots,x_p$ 和每一原始变量独自具有的特殊因子 e 两部分来描述或解释（通常只考虑公因子，忽略特殊因子）。因而达到简化数据结构的目的，即把原始评价指标化为 m 个公因子（综合指标），形成优化的指

标体系。因子分析法最大优势在于各综合因子的权重不是主观赋值而是根据各自的方差贡献率大小来确定的，方差越大的变量越重要，从而具有较大的权重；相反，方差越小的变量所对应的权重也就越小。这就避免了人为确定权重的随意性，使得评价结果唯一，而且较为客观合理。

叶欣（2007）通过运用主成分分析法构建评价模型，对上海主要中外资保险公司的竞争力进行排名和比较分析。王成辉、江生忠（2006）在建立我国保险业竞争力指标体系的基础上，应用因子分析方法，结合我国保险市场的实际数据，对竞争力进行了实证分析，并分别对我国的财险和寿险公司进行了竞争力比较和排名。胡永红（2007）利用因子分析方法对我国人寿保险公司竞争力进行了研究。

在经济领域，如果综合评价所基于的是反映客观社会经济现象数量特征的客观性指标体系，一般用主成分分析方法；如果综合评价基于的指标体系是反映人们的心理感受、主观愿望、满意程度等方面的主观性指标形成的指标体系，则用因子分析方法。

二、其他方法

数据包络分析（Data Envelopment Analysis）简称 DEA，是美国著名运筹学家 A. Charnes 等人以相对效率概念为基础发展起来的一种效率评价方法，它是研究同类型生产决策单元相对有效性的有力工具。它主要采用数学规划方法，利用观察到的有效样本数据，对决策单元（DMU）进行生产有效性评价。DEA 模型可同时对决策单元的多项投入和多项产出计算相对效率。每一个决策单元的各项投入和产出权重都是由模型根据最优原则计算出来的，而不是由决策者主观给定的，可避免主观随意性。但是，DEA 模型的理论假设是：投入越少，产出越大，那么效率就越高。但实践中，有些产出是越少越好，如污染环境的物质。而且虽然投入产出指标的权重是通过模型计算出来的，但由于模型中没有对各权重的取值范围加以限制，因此有时会出现不切实际的权重分配，从而导致权重取值的任意性。此外，数据包络分析法只能从效率的角度评价分析竞争力。但我们知道，竞争力的评价分析必须从效能和效率两个角度进行，否则其评价分析就不是完整和系统的。恽敏（2003）使用数据包络分析方法，综合考虑投入和产出以及它们之间的关系，考察目前保险公司的核心竞争实力，并且为如何提高核心竞争力提出相关建议。

由于企业核心竞争力的评价具有模糊性，一是核心竞争力等级的分类具有模糊性，我们通常把核心竞争力强度分为优、良、中和差四个等级，但很难界定各等级的标准；二是企业核心竞争力的影响因素具有模糊性，如产品美誉度等。因此简金平（2004）采用模糊物元综合评价法来评价保险公司的综合竞争力。

此外，还可以按照每个指标对研究对象独立作用的大小（或者叫方差贡献的大小），通过进行统计检验和数学变换等，筛选掉作用小的不重要指标，保留作用大的重要指标，最后形成由原指标体系中的部分重要指标组成的优化的指标体系，这类方法常用的有多元回归方法，逐步回归方法等。

由《21世纪经济报道》、21世纪研究院金融研究中心联合美国加州大学组成的课题组（2010）在《2010亚洲保险公司竞争力排名研究报告》中运用“均值—方差方法”进行相关研究。它将保险公司的财务实力通过划分为六个主要部分衡量：市场规模、资本充足性、赔款准备金充足率、赢利能力、流动性和稳定性测试，每一部分包含若干个因素，并人为规定每个因素在该部分中所占重要性比例（如50%），分别评分，通过计算出所有因素的平均值和标准差，得到公司的总体评价。为了获得比较合理的比率范围，首先每一指标得分均被标准化。标准化后的变量分布变为新的分布，然后再根据指标特性调整其Z（得分），并将其分按照以下四种情形（见图3－1）进行计算，得到保险公司的竞争力得分。

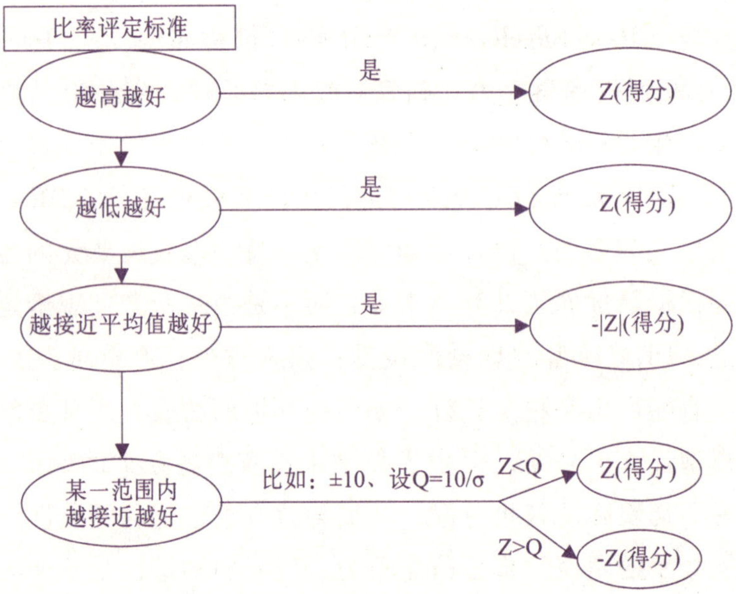

图3－1

总之，在保险公司竞争力研究的相关文献中，常用的、公认度较高的评价分析方法主要有主成分分析方法和因子分析方法；使用过但研究成果较少的方法有模糊数学方法、数据包络方法（DEA）；其他在个别文献中出现的方法包括均值—方差方法、多元回归方法、灰色关联分析等。由于主成分分析方法的原理比较容易理解，建模步骤明确，局限性和主观性较小，且能够使用SPSS等统计软件直接进行计算，因而我们选用主成分分析方法进行保险公司竞争力的评价研究。

第四节　主成分分析方法与模糊聚类分析方法介绍

一、主成分分析方法

在各个领域的科学研究中，往往需要对反映事物的多个变量进行大量的观测，收集大量数据以便进行分析寻找规律。多变量大样本无疑会为科学研究提供丰富的信息，但也在一定程度上增加了数据采集的工作量，更重要的是在大多数情况下，许多变量之间可能存在相关性而增加了问题分析的复杂性，同时对分析带来不便。如果分别分析每个指标，分析又可能是孤立的，而不是综合的。盲目减少指标会损失很多信息，容易产生错误的结论。因此需要找到一个合理的方法，减少分析指标的同时，尽量减少原指标包含信息的损失，对所搜集的资料作全面的分析。由于各变量间存在一定的相关关系，因此有可能用较少的综合指标分别综合存在于各变量中的各类信息。主成分分析就是把多个指标化为少数几个综合指标的统计分析方法，它通过几个综合因子（主成分）来代表原来众多的变量，使这些主成分尽可能多地反映原来变量的信息，而且彼此之间互不相关。

主成分分析的步骤如下：

设有 p 项指标的 n 个样本构成矩阵 X：

$$X=\begin{bmatrix} x_{11} & x_{12} & \cdots & x_{1p} \\ x_{21} & x_{22} & \cdots & x_{2p} \\ \vdots & \vdots & & \vdots \\ x_{n1} & x_{n2} & \cdots & x_{np} \end{bmatrix}$$

（1）进行原始数据的标准化。

$$Z_{ij}=\frac{X_{ij}-\bar{X}_j}{S_j},\ i=1,\ 2,\ \cdots,\ n;\quad j=1,\ 2,\ \cdots,\ p$$

其中 $\bar{X}_j=\frac{1}{n}\sum_{i=1}^{n}X_{ij}$ 为第 j 个变量的均值；$S_j^2=\frac{1}{n-1}\sum_{i=1}^{n}(X_{ij}-\bar{X}_j)^2$ 为第 j 个变量的样本方差。

（2）计算样本的相关系数矩阵 R。

$R=(r_{ij})_{p\times p}$，其中 $r_{ij}=\frac{1}{n-1}\sum_{k=1}^{n}Z_{ki}Z_{kj},\quad i,j=1,2,\cdots,p$

（3）求矩阵 R 的特征值 $\lambda_1\geqslant\lambda_2\geqslant\lambda_p$ 和特征向量 $U=(u_{ij})_{p\times p}$。特征值 λ_i 是特征方程 $|R-\lambda E|=0$ 的根，它的大小反映了各个主成分在描述所评价对象上所起的作用的大小，λ_i 对应的特征向量 U_{*j} 由方程 $(R-\lambda_i E)\ U_{*j}=0$ 给出。

第 i 个主成分可以表示为 $F_i=\sum_{j=1}^{p}U_{ij}Z_{*j},\quad i=1,2,\cdots,p$

（4）选取主成分数目的判定准则。第 i 个主成分的方差贡献率表示该主成分能解释的原始变量的信息量，$\alpha_i=\lambda_i/\sum_{i=1}^{p}\lambda_i$，对于一般的主成分分析，通常约定累计方差贡献率 $q\geqslant85\%$，对于约定的累计方差贡献率 q_0，如果有如下关系成立：

$$\sum_{i=1}^{k-1}\lambda_i/\sum_{i=1}^{p}\lambda_i<q_0\leqslant\sum_{i=1}^{k}\lambda_i/\sum_{i=1}^{p}\lambda_i$$

则取前 k 个主成分进行分析评价。

（5）利用主成分得分进行评价分析。利用所得到的前 k 个主成分 F_i 作为变量，相应的方差贡献率 λ_i 作为权重，得到主成分加权平均后的得分 $G=\sum_{i=1}^{k}\lambda_iF_i/\sum_{i=1}^{k}\lambda_i$，根据分数的高低可以对各个样本进行排名。

二、模糊聚类分析方法

聚类分析是按照一定的要求和规律将事物进行分类的一种数学方法，它原来是数量统计中多元分析的一个分支（许海洋、汪国安、王万森，2005）。从应用数学的角度来看，在某种程度上对公司的财务和经营状况评价，本质上是一个排名和分类工作，即在多大程度上与最优标准（或理想状况）处于同一个层次（寇业富，李晓林，2009）。因此模糊聚类分析方法从另一种角度对保险公司的业务结构和质量进行分析。

模糊聚类分析的步骤如下（寇业富、李晓林，2009）：

（1）确立指标体系并对指标数据进行预处理。在选择指标时，为了保证分析结果的科学性和适用性，应该将反映保单以及公司经营状况的全部重要特性包括进来。

在实际应用中，即使选用了一个较好的算法进行分析研究，但是由于各数据的性质以及数量级的不同，会出现有的指标数据，主要是大数量级的指标会“吃掉”

小数量级的指标，影响分析的有效性。为了弥补这一不足，需要进行数据的预处理。

其中，对于指标的数量级不同以及量纲单位的不同，可以选用极差化法［3］：即对于数据矩阵的第 j 列，计算

$$M_j = \max_{1\leqslant i\leqslant n} x_{ij}, \qquad m_j = \min_{1\leqslant i\leqslant n} x_{ij}, \qquad j=1,\cdots,m$$

然后，对原数据作变换：

$$x'_{ij} = \frac{x_{ij} - m_j}{M_j - m_j}, \qquad i=1,\cdots,n, \quad j=1,\cdots,m.$$

通过这种方法可以将所有指标的量纲单位消除，变为无量纲量，从而可以消除数额、时间、百分率等单位的不同。

（2）聚类分析。设 $Z=\{x_1, x_2, \cdots, x_n\}$ 是 n 个对象集合，每个对象的特征数据表示为：$x_i=(x_{i1}, x_{i2}, \cdots, x_{im})$，$i=1, 2, \cdots, n$，利用标定方法，可以得到 2 个对象 x_i 和 x_j 的模相似程序 r_{ij}，于是就得到模糊相似矩阵 R。

$$R=\begin{bmatrix} r_{11} & r_{12} & \cdots & r_{1n} \\ r_{21} & r_{22} & \cdots & r_{2n} \\ \vdots & \vdots & & \vdots \\ r_{n1} & r_{n2} & \cdots & r_{nn} \end{bmatrix}_{n\times n}$$

其中 $r_{ii}=1, r_{ij}=r_{ji}, j=1, 2, \cdots, n$。

定理 设 R 是模糊相似矩阵，则存在一个最小自然数 $k\leqslant n$，使 $t(R)=R^k$，并且对一切大于 k 的自然数 q，均有 $R^q=R^k$

该定理说明了从一个 Fuzzy 相似矩阵 R 通过求 R 的传递闭包，可构造一个 Fuzzy 等价矩阵，并且运算有限次，即不超过 n 次。为了提高运算速度，可以用平方法 $R\to R^2\to R^4\to\cdots R^{2^K}\to\cdots$，经过有限次运算后，一定有一个自然数（$2^k\leqslant n$），使 $R^{2^k}=R^{2^{k+1}}$，于是 $t(R)=R^{2^k}$。利用截关于对 R^{2^k} 进行等价分类，从而得到诸对象的评价结果。

对于众多公司来讲，由于其规模、发展定位和思路的不同，因此，对其进行业务结构的相似性分析及其聚类研究的结果将具有实际意义。

第四章
中国人身险公司竞争力评价分析

研究说明：保险公司竞争力评价研究都是基于公开、客观和科学的原则，即：研究方法、评价指标、数据来源等坚持公开、客观和科学的原则。

我们坚持评价过程和目标要客观有效，避免或者尽量减少人为主观因素的干扰；考虑到结果的敏感性，在有可能使用定量分析的地方，使用定量分析；尽量避免或者减少涉及权重选择等主观性问题的评价方法。

一、信息来源说明

保险公司竞争力评价研究的数据主要来源于各个保险公司的年度信息披露报告，少部分指标来源于历年的中国保险年鉴和保监会、保险学会、保险行业协会以及各公司自己的网站信息，即全部数据都是来源于公开渠道。

保险公司2012年报信息披露主要包括以下五个方面内容：

- 公司简介；
- 年度财务报告及其附注；
- 风险管理状况；
- 产品信息；
- 偿付能力信息。

本研究分析主要从资产负债表、利润表、现金流量表、产品信息表和偿付能力信息等报表获取数据进行研究。

二、研究对象

根据保监会网站，截至2012年12月31日，中国共有69家人身险保险公司成立营业，其中中资公司42家，外资公司27家。其中，利安人寿、华汇人寿成立于2011年；前海人寿、东吴人寿、珠江人寿、弘康人寿、吉祥人寿、复星保德信、中韩人寿均成立于2012年，不予进行保险公司竞争力评价。截至2013年5月底，我们没有搜集到国寿存续的年度信息披露报告不予评价；此外，国寿养老、长江养老、泰康养老三家养老保险公司主营业务定位于经营信托型企业年金管理业务和养老保障委托管理业务，暂不涉及其他保险产品的经营，因此不适用偿付能力的信息披露要求，缺少2012年度的偿付能力状况表和产品信息表等，不予评价。

此外，中法人寿、安邦人寿、中融人寿、正德人寿、昆仑健康、和谐健康、汇丰人寿、信泰人寿、瑞泰人寿这9家公司或者偿付能力充足率较低、或者数据发展变化不具有可持续性或者数据异常等各种原因，不予进行竞争力评价。有任何问题请与课题组联系。

最后课题组共对47家人身险公司进行竞争力评价。

三、特别说明

1．本研究分析都是采用公开发布的披露数据进行分析，我们根据实质重于形式的原则，对发现个别公司披露数据存在错误或异样的年报信息进行调整或者在涉及该指标时进行批注说明。

2．本研究分析采用的数据皆来源于已公开的资料或课题组成员的个人分析，但我们不保证上述信息的完整性与准确性，中国精算研究院不因使用本报告而产生的一切后果承担责任，只以此作为学术研究以及学界和业界的信息交流与参考。同时本研究分析为课题组成员的个人观点，并不代表中国精算研究院的观点。有关问题的来源、讨论或争议，请使用电话或电子邮件的方式与我方联系。

第一节 人身险公司竞争力指标体系的构建

一、评价指标体系说明

目前国内外还没有一个比较明确的、被广泛接受的“保险公司竞争力”的定义。我们综合国内外相关研究，结合自己的经验和理解，给出保险公司竞争力的定义：保险公司竞争力是保险公司根据行业和自身特点，在市场经济环境中，综合运用其各种人力、物力、财力等各种资源，获得相对于竞争对手所表现出来的更强的生存能力、创新能力和持续发展能力的总和，是公司综合能力的体现。同时竞争力也是一个相对的概念，强调的是保险行业内竞争者之间的比较。

我们进行的保险公司竞争力评价研究是以保险公司为出发点和落脚点，根据保险公司负债经营的特征以及当前保监会的监管重点，我们构建了保险公司的赢利能力、资本管理能力、经营能力、风险管理能力和发展潜力5个一级指标来反映保险公司竞争力的不同方面。我们首先在每个一级指标下建立个数不等的二级指标，共有45个二级指标；然后通过对二级指标定量分析得到保险公司一级指标的评价结果；最后对全部二级指标进行定量分析，得到保险公司竞争力的综合评价结果。

二、具体指标构建

Ⅰ. 赢利能力指标。

赢利能力指标共有9个二级指标，包括6个比率分析指标和3个规模性指标。

Ⅰ-1. 总资产收益率：

总资产收益率 = 报告期净利润 ÷ [（期初总资产 + 期末总资产）÷ 2] × 100%

Ⅰ-2. 净资产收益率：

净资产收益率 = 净利润 ÷ 平均净资产 × 100%

Ⅰ-3. 投资收益率：

投资收益率 = 投资收益总额 ÷ 平均投资资产 × 100%

Ⅰ-4. 保费收入利润率：

保费收入利润率 = [承保利润 ÷（期初保险业务收入 + 期末保险业务收入）÷ 2] × 100%

Ⅰ-5. 投资资产占总资产比率：

投资资产占总资产比率 = 平均投资资产 ÷ 平均总资产 × 100%

Ⅰ-6. 净投资收益率：

净投资收益率 =（投资收益 + 其他业务收入）÷ 平均投资资产

Ⅰ-7. 人均综合收益：

人均综合收益 = 综合收益 ÷ 公司职工人数

Ⅰ-8. 人均利润：

人均利润 = 利润总额 ÷ 公司职工人数

Ⅰ-9. 净利润。

Ⅱ. 资本管理能力。

资本管理能力包含8个二级指标，全部是比率分析指标。

Ⅱ-1. 资本管理系数（设定为120% ~ 150%时，资本管理能力最强）：偿付能力充足率（x）= 实际资本 ÷ 最低资本，根据偿付能力充足率确定资本管理系数。

$$
\text{资本管理系数}=\begin{cases}\dfrac{x-120\%+40\%}{40\%}, & 80\% \leqslant x \leqslant 120\% \\ 1, & 120\% < x \leqslant 150\% \\ \dfrac{150\%+2000\%-x}{2000\%}, & 150\% < x \leqslant 150\%+2000\% \\ 0, & \text{其他}\end{cases}
$$

Ⅱ－2. 盈余缓解率：

盈余缓解率＝（摊回分保费用－分保费用支出）÷实际资本×100%

Ⅱ－3. 认可资产负债率：

认可资产负债率＝认可负债÷认可资产×100%

Ⅱ－4. 资产认可率：

资产认可率＝认可资产÷总资产×100%

Ⅱ－5. 资本利用率：

资本利用率＝保险业务收入/所有者权益

Ⅱ－6. 资金成本率：

资金成本率＝承保利润/年初保险合同准备金（人身险）－一年定期存款利率（取3%）

Ⅱ－7. 杠杆系数：

杠杆系数＝自留保费÷（资本金＋资本公积＋盈余公积）×100%）

Ⅱ－8. 资金运用效率：

资金运用效率＝可运用资金净收益率÷一年期存款利率（3%）×100%

Ⅲ. 经营能力指标。

经营能力由以下10个指标构成，包括9个增长率指标和1个规模性指标。

Ⅲ－1. 净资产周转率：

净资产周转率＝[报告期营业收入合计÷（期初股东权益＋期末股东权益）÷2]×100%

Ⅲ－2. 总资产周转率：

总资产周转率＝[报告期营业收入合计÷（期初总资产＋期末总资产）÷2]×100%

Ⅲ－3. 综合费用率：

综合费用率＝（业务及管理费＋手续费及佣金＋分保费用＋保险业务营业税金

及附加－摊回分保费用）÷已赚保费×100%

Ⅲ－4. 手续费及佣金比率：

手续费及佣金比率＝手续费及佣金÷原保费收入×100%

Ⅲ－5. 综合费用率的增长率：

综合费用率的增长率＝（期末综合费用率－期初综合费用率）÷期初综合费用率×100%

Ⅲ－6. 险种集中度系数：

险种集中度系数＝$\sum_{i=1}^{5}$（前 i 种产品的各自保费收入）^{2} ÷（前五种产品保费总收入）^{2}

Ⅲ－7. 退保率：

退保率＝报告期退保金额÷（期初人身险责任准备金＋期初长期健康险责任准备金＋报告期原保费收入）

Ⅲ－8. 资产增量保费比：

资产增量保费比＝（期末总资产－期初总资产）÷报告期保险业务收入

Ⅲ－9. 报告期营业收入

Ⅲ－10. 两年平均赔付率：

两年平均赔付率＝两年的（赔付支出－摊回赔付支出＋提取未决赔款准备金－摊回未决赔款准备金）÷两年的已赚保费

Ⅳ. 风险管理能力指标。

风险管理能力由9个比率分析指标构成。

Ⅳ－1. 偿付能力充足率：

偿付能力充足率＝实际资本÷最低资本×100%

Ⅳ－2. 流动性比率：

流动性比率＝流动性资产余额÷流动性负债余额×100%

Ⅳ－3. 融资比例：

融资比例＝[卖出回购证券＋（期末股本－期初股本）]÷（股本＋资本公积＋盈余公积）×100%

Ⅳ－4. 自留比率：

自留比率＝自留保费÷保险业务收入×100%

Ⅳ－5. 自留保费占净资产比：

自留保费占净资产比＝自留保费/[（期初所有者权益＋期末所有者权益）÷2]

Ⅳ-6. 自留保费增长率：

自留保费增长率＝[（公司本年自留保费－公司上一年自留保费）÷公司上一年自留保费]×100%

Ⅳ-7. 准备金安全率：

准备金安全率＝两年的所有者权益均值÷两年的（未到期责任准备金＋未决赔款准备金＋保险保障基金＋人身险责任准备金＋长期健康险责任准备金－应收分保未到期责任准备金－应收分保未决赔款准备金－应收分保人身险责任准备金－应收分保长期健康险责任准备金）均值

Ⅳ-8. 保险负债占总资产比：

保险负债占总资产比＝保险负债/总资产

Ⅳ-9. 现金盈余保障倍数：

现金盈余保障倍数＝经营活动净现金流÷净利润

Ⅴ. 发展潜力。

发展潜力由以下 7 个比率分析指标和两个规模性指标构成。

Ⅴ-1. 综合收益增长率：

综合收益增长率＝（本年的综合收益额－上一年的综合收益额）/上一年的综合收益额

Ⅴ-2. 发展系数：

发展系数＝公司保费收入增量市场份额÷人身险市场保费收入增量份额×100%

Ⅴ-3. 总资产增长率：

总资产增长率＝（期末总资产－期初总资产）÷期初总资产×100%

Ⅴ-4. 净资产增长率：

净资产增长率＝（期末所有者权益－期初所有者权益）÷期初所有者权益×100%

Ⅴ-5. 资本金增长率：

资本金增长率＝（期末资本金－期初资本金）÷期初资本金×100%

Ⅴ-6. 市场拓展能力：

市场拓展能力＝公司原保费收入÷实收资本×100%

Ⅴ-7. 分支机构数目：

分支机构数目指在省级和经济单列市设立的分公司数目

Ⅴ-8. 亿元保费投诉量：

数据来源于保监会网站。

Ⅴ-9. 人均产能：

人均产能＝保险业务收入÷公司职工人数

我们共对47家人身险公司参加保险公司竞争力评价。

第二节 2012年人身险公司竞争力排名与分析

在确定了指标和提取数据后，为了保证对保险公司竞争力评价的客观性和科学性，首先根据指标的正向和逆向，进行数据的预处理、统一，使处理后的全部指标数据为正向，即其数据愈大愈好；其次，指标数据中有些是比率指标、有些是数值指标，为了避免“以大欺小”以及避免指标单位对评价结果的影响，我们对全部数据进行归一化处理，即全部指标数据都在0~1间取值；最后在运用主成分分析方法进行综合竞争力评价时，我们是对全部45个二级指标数据进行分析处理，因此二级指标与一级指标的隶属关系不影响对综合竞争力的评价结果。

一、2012年人身保险公司综合竞争力的得分与排名

数据预处理后，我们根据47家人身险公司的45个二级指标数据，得到一个47×45数据矩阵，利用主成分分析方法，共选取13个主成分，其累计解释率达到86.91%，每个主成分都是这45个二级指标的线性组合（见图4-1）。

根据我们的研究结果，这13个主成分的含义如下：

第一个主成分中，权重比较大的几个指标及其方差贡献率分别是：保费收入利润率（0.788）、认可资产负债率（0.773）、资金成本率（0.717）、杠杆系数（0.731）和综合费用率（0.857），主要反映了人身险公司的承保能力对竞争力的影响。其中综合费用率的权重最大，反映了综合费用的变化和承保管理水平对公司的竞争力的影响。

第二个主成分中，权重比较大的几个指标及其方差贡献率分别是：人均综合收益（0.792）、人均利润（0.779）、险种集中度系数（0.834）。反映了公司的产品开发与创新能力，以及公司的人均绩效对保险公司竞争力的影响。

第三个主成分中，权重比较大的几个指标及其方差贡献率分别是：净资产收益率（0.576）、净资产增长率（0.645），这个主成分主要反映公司的净资产对保险

公司竞争力的影响。

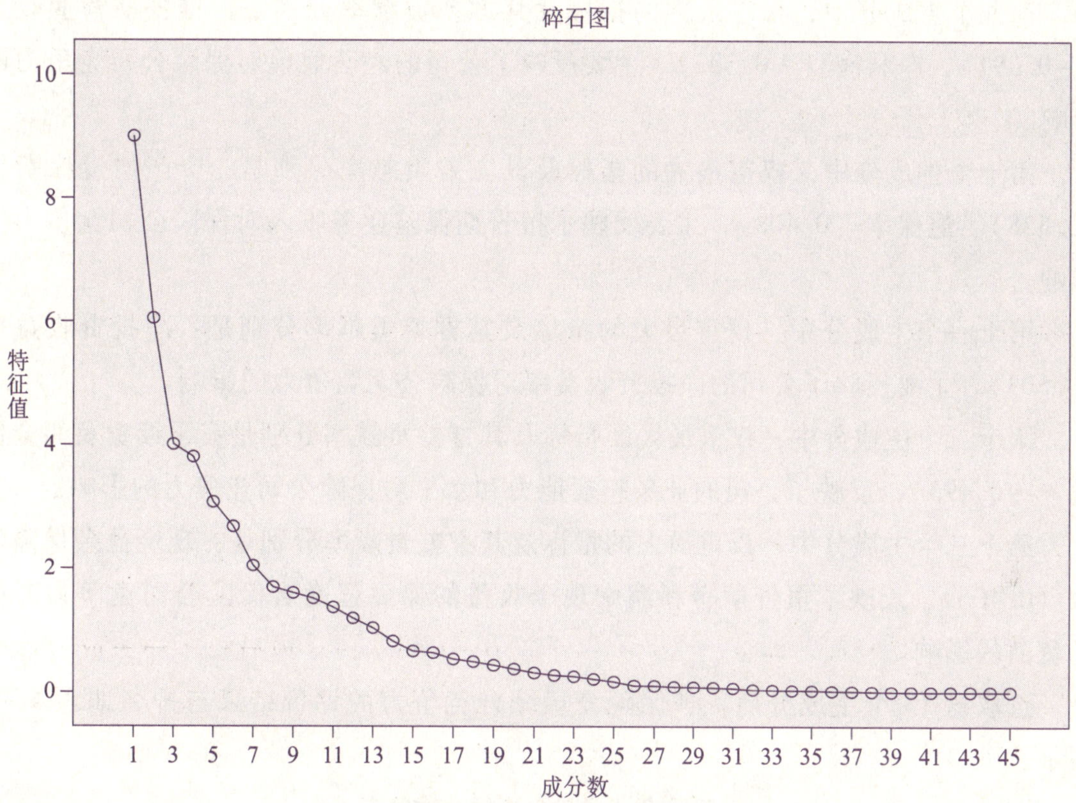

图4-1　人身险公司综合竞争力分析的碎石图

第四个主成分中，权重比较大的两个指标及其方差贡献率分别是：自留保费增长率（0.778）和盈余缓解率（0.608）反映了保险公司的自保、再保的能力和水平对保险公司竞争力的影响。

第五个主成分中，权重比较大的几个指标及其方差贡献率分别是：投资收益率（-0.739）和资金运用效率（-0.645），主要反映了公司的资金运用水平对保险公司竞争力的影响。

第六个主成分中，权重比较大的几个指标及其方差贡献率分别是：资产认可率（0.439）和资本金增长率（-0.570），主要反映了资本管理能力对保险公司竞争力的影响。

第七个主成分中，权重最大的指标及其方差贡献率分别是：发展系数（-0.521），主要反映了公司保费收入的市场份额变化对保险公司竞争力的影响。

第八个主成分中，权重最大的指标及其方差贡献率分别是：两年平均赔付率（-0.476）和资本管理系数（-0.402），反映了公司的产品质量和资本管理水平对保险公司竞争力的影响。

第九个主成分中，权重最大的指标及其方差贡献率分别是：报告期营业收入（-0.391）、净利润（-0.383），主要反映了公司的经营规模对保险公司竞争力的影响。

第十个主成分中，权重最大的指标及其方差贡献率分别是：资产增量保费比（0.528）、退保率（0.408），主要反映了报告期保险业务收入对保险公司竞争力的影响。

第十一个主成分中，权重最大的指标及其方差贡献率分别是：净投资收益率（0.503），主要反映了公司的净投资收益率对保险公司竞争力的影响。

第十二个主成分中，权重最大的指标及其方差贡献率分别是：手续费及佣金比率（-0.493），反映了公司的业务拓展能力和水平对保险公司竞争力的影响。

第十三个主成分中，权重最大的指标及其方差贡献率分别是：现金盈余保障倍数（0.406），反映了报告期净利润中现金收益的保障程度对保险公司竞争力产生了负面的影响。

选取这13个主成分后，各保险公司综合竞争力的评价结果与排名如表4-1所示。

表4-1　　2012年人身险公司综合竞争力

公司名称	排名	得分	公司名称	排名	得分
国寿股份	1	100.00	友邦人	14	72.19
泰康人寿	2	97.05	阳光人寿	15	71.49
太平人寿	3	93.87	长城人寿	16	71.24
新华人寿	4	93.33	国华人寿	17	71.18
平安人寿	5	92.04	建信人寿	18	70.38
太平洋	6	86.51	中美联泰	19	69.98
人保寿险	7	84.74	信诚人寿	20	68.66
中邮人寿	8	82.96	中宏人寿	21	67.39
生命人寿	9	77.61	民生人寿	22	66.93
平安养老	10	75.33	合众人寿	23	66.34
人保健康	11	74.53	中意人寿	24	65.31
招商信诺	12	73.68	海康人寿	25	63.14
太平养老	13	72.77	中荷人寿	26	62.77

续表

公司名称	排名	得分	公司名称	排名	得分
工银安盛	27	62.21	北大方正	38	50.61
中德安联	28	61.53	汇丰人寿	39	45.28
华夏人寿	29	60.84	平安健康	40	44.19
中英人寿	30	60.40	君龙人寿	41	44.13
恒安标准	31	60.16	新光海航	42	44.09
百年人寿	32	57.95	长生人寿	43	42.71
英大人寿	33	57.20	交银康联	44	41.12
华泰人寿	34	56.47	中航三星	45	40.17
国泰人寿	35	56.27	农银人寿	46	32.75
光大永明	36	52.06	天安人寿	47	20.00
中新大东方	37	50.75			

结论与分析：

本报告在2011年研究的基础上，根据影响当前中国人身险公司的发展和中国保监会的监管要求等各方面因素，补充完善了人身险公司竞争力评价指标体系。我们根据此评价指标体系，应用主成分分析方法对中国寿险公司的竞争力进行了经验分析。尽管随着国际经济金融危机和我国经济结构的调整，中国保险业的发展遇到了一些困难和瓶颈。但是课题组的研究表明，中国人身险公司在净利润、营业收入等指标方面表现不佳，但是中资保险公司的竞争力仍然高于外资保险公司。主要结论如下：

1. 赢利能力方面：2012年这47家人身险公司的赢利能力增长速度有所减慢，全年共实现净利润接近190亿元；而2011年这些公司的净利润接近325亿元左右，净利润减少达到41.5%左右，人身险业经营业绩下滑明显；

赢利能力竞争力排名前10位的公司中，有2家外资保险公司（中荷人寿、中宏人寿），通过分析表明中资保险公司的赢利能力普遍高于外资保险公司。研究结论并不支持目前多数研究成果认为中资保险公司注重规模、外资保险公司注重效益的论断。

2. 资本管理能力方面：2012年寿险公司的偿付能力充足率得到大幅度提高，中资保险公司与外资保险公司平分秋色。资本管理能力竞争力排名前10位的公司中，外资只有1家保险公司入围（中德安联），其余9家都是中资保险公司。

3. 经营能力方面：2012年寿险业各公司整体凸显在综合成本率居高不下，承保利润形势严峻的情况下发展业务，整体相比而言，各公司间综合赔付率和综合费用率相对差异不大。在经营能力竞争力方面，中资保险公司占有一定的优势。在经营能力竞争力排名前10位的公司中，只有1家外资保险公司（友邦人寿第十名），其余9家公司都是中资保险公司。

4. 风险管理能力方面：2012年人身险公司中，中外资公司的风险管理能力基本平分秋色，外资保险公司略知优势，需要引起中资寿险公司的注意；在风险管理能力竞争力排名前10位的公司中，有4家外资保险公司（工银安盛、中德安联、交银康联和汇丰人寿），其余6家都是中资保险公司。

5. 业务增长潜力方面：2012年人身险公司共实现保费收入10,157亿元，比上年有所上升。在业务增长潜力竞争力方面，中资保险公司占有一定的优势。在排名前10位的公司中，中资略占优势、有8家保险公司入围，外资有2家公司入围（工银安盛、友邦人寿），分别位于前十名中的第八名和第九名；其中中资保险公司在分支机构数目方面优势明显，外资保险公司在原保费收入增长率和发展系数方面占有一定的优势。

基于上述5个方面、47家保险公司中，中资保险公司的综合竞争力优势明显。在排名前10位的人身险公司中全部是中资保险公司；排名前15位的人身险公司中，招商信诺位于第12名、友邦人寿位于第14名，排名比较靠前。

结论并不支持目前多数研究成果认为中资保险公司竞争力低于外资保险公司的论断。通过研究分析，我们对中国保险公司的竞争力现状有了一个基本的了解。

通过2012年寿险公司的竞争力评价研究发现，2013年从业务增长看，人身险市场的低迷状态发生转折的可能性较小，寿险公司增速仍然会较低，甚至负增长，同时退保增速将会剧增；从业务渠道看，寿险公司受银邮渠道政策、偿付能力监管政策等的影响，需要积极转型，提升个险渠道的销售能力、积极开发新业务、增强创新能力和加大政府的支持力度等必不可少。综上，预计2013年寿险公司竞争力提升的空间比较严峻。

二、2012年人身保险公司赢利能力排名与分析

数据预处理后，我们根据47家人身险公司的9个二级指标数据，得到一个47×9数据矩阵；根据主成分分析方法，最后选取5个主成分，其累计解释率为88.96%，每个主成分都是这9个二级指标的线性组合。

（一）赢利能力得分与排名前十的人身保险公司（见表 4 - 2）

表 4 - 2 赢利能力得分及排名

公司名称	排名	得分	公司名称	排名	得分
中荷人寿	1	100.00	华泰人寿	25	88.29
国寿股份	2	98.46	信诚人寿	26	87.19
民生人寿	3	96.71	华夏人寿	27	86.14
平安人寿	4	96.57	交银康联	28	85.74
生命人寿	5	96.34	国华人寿	29	85.64
太平洋人寿	6	95.73	恒安标准	30	84.95
新华人寿	7	95.22	英大人寿	31	84.36
人保寿险	8	95.22	招商信诺	32	81.45
中宏人寿	9	95.18	长生人寿	33	81.13
阳光人寿	10	94.70	国泰人寿	34	79.51
合众人寿	11	94.29	中德安联	35	78.40
泰康人寿	12	94.21	百年人寿	36	75.03
长城人寿	13	93.92	工银安盛	37	74.83
中意人寿	14	93.57	君龙人寿	38	74.62
建信人寿	15	93.35	北大方正人寿	39	74.35
平安养老	16	93.23	中航三星	40	74.08
海康人寿	17	92.44	人保健康	41	69.85
中英人寿	18	91.85	汇丰人寿	42	67.73
中美联泰	19	91.62	新光海航	43	67.42
太平人寿	20	91.39	平安健康	44	66.76
友邦人寿	21	90.05	太平养老	45	59.28
光大永明	22	89.99	天安人寿	46	50.41
中新大东方	23	89.27	农银人寿	47	20.00
中邮人寿	24	88.55			

从表 4 - 2 可以看出，人身保险市场上赢利能力排名前三的依次是中荷人寿、国寿股份和民生人寿，在百分制基准下，得分分别是 100 分、98.46 分和 96.71 分。

参评的 47 家人身保险公司的赢利能力的最高分是中荷人寿（100 分），最低分是农银人寿（20 分），平均得分是 84.02 分，大于平均得分的有 31 家，占比 66.0%。

80分以上的公司有33家，70~80分之间的有7家，60~70分之间的有4家，60分以下的有3家（见图4-2）。

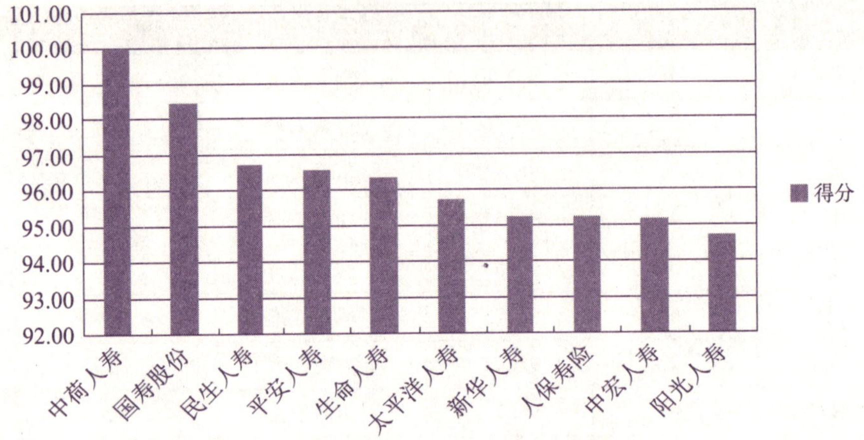

图4-2 赢利能力排名前十的人身险公司

图4-2显示了赢利能力排名前十的公司，依次是中荷人寿、国寿股份、民生人寿、平安人寿、生命人寿、太平洋人寿、新华人寿、人保寿险、中宏人寿和阳光人寿。

其中前两家公司的得分明显高于其他8家公司，而后8家公司的得分没有明显区别（见表4-3）。

表4-3 赢利能力排名前十的人身险公司，其二级指标的表现

赢利能力	总资产收益率		净资产收益率		净投资收益率		投资收益率		保费收入利润率		投资资产占总资产比率		人均综合收益		人均利润		净利润	
公司	排名	得分	排名	得分	排名	得分	排名	得分	排名	得分	排名	得分	排名	得分	排名	得分	排名	得分
中荷寿	18	92.5	18	97.0	14	23.6	3	84.6	4	95.9	5	96.6	12	85.4	18	91	19	30.8
国寿	8	94.4	12	97.8	28	16.7	41	25.6	14	87.5	2	98.1	2	95.8	5	94.6	1	100
民生寿	19	92.4	19	97	18	20.6	6	81.2	25	78.1	7	95.3	24	84.2	20	90.9	17	31.1
平安寿	6	95.1	1	100	40	6.4	44	17.6	13	87.7	23	89.5	1	100	2	96.6	2	77.9
生命寿	11	93.8	15	97.7	11	24.5	7	77.6	21	82.7	18	90.6	20	84.7	16	91.1	8	33.4
太保寿	12	93.8	11	98.1	38	9.7	34	36.2	10	91.5	8	95.0	3	92.5	8	93.1	4	46.4
新华寿	7	94.5	8	98.4	34	12.7	35	34.2	5	95.1	4	96.7	17	85.1	13	91.2	3	49.2
人保寿	17	92.82	14	97.7	31	15.8	27	56.26	3	96.3	28	87.3	16	85.2	17	91	6	35.5
中宏寿	3	98.2	9	98.4	44	1.4	39	29.1	11	90.6	10	93.3	5	89.9	4	96.1	13	31.7
阳光寿	24	87.4	24	95.5	8	27.4	14	72.1	1	100	12	92.23	26	84.1	23	90.5	44	27.1

赢利能力是反映保险公司竞争力的一项重要指标。表 4-3 具体分析了赢利能力排名前十家寿险公司的情况，即赢利能力体系下的 9 个二级指标的具体得分及排名，此表格为分析这十家公司的赢利情况提供了一个可以进行比较分析的平台。

• 中荷人寿在赢利能力排名第一，主要是因为其在赢利能力各项指标下，较均衡且良好的表现。在 47 家公司中，其各项指标排名最好的是投资收益率（第三名、84.6 分）和保费收入利润率（第四名、95.9 分），说明公司的承保能力和投资能力都不错。在这九项指标中，排名最差的是净利润，排名第十九，考虑到中荷人寿的经营规模，其净利润表现已经相当优良。

• 国寿股份作为国内成立时间最长、规模最大的寿险公司，其赢利能力排名第二，比去年下降一个名次。国寿股份赢利能力的排名第二，主要是净利润（第一名、100 分）指标的表现遥遥领先于其他 46 家公司，比如排名第二的平安人寿仅仅得到 77.9 分。此外，中国人寿的人均综合收益（第二名、95.8 分）、投资资产占总资产的比率（第二名、98.1 分）、人均利润（第五名、94.6 分）都表现不错，说明中国人寿的赢利能力和经营水平还是不错的。

• 民生人寿在 47 家公司中，赢利能力排名第三，主要是得益于公司在投资收益率（第六名，81.2 分）和投资资产占总资产比率（第七名，95.3 分）的良好表现；同时其他各项指标表现比较均衡，都在中游或者以上水平。

• 平安人寿在净资产收益率（第一名、100 分）、人均综合收益（第一名、100 分）、人均利润（第二名、96.6 分）和净利润（第二名、77.9 分）上的表现十分出色，因此其在赢利能力上的总排名为第四名。如果平安人寿在净投资收益率（第四十名、6.4 分）和资产收益率（第四十四名、17.6 分）的表现再好一些的话，其赢利能力的表现就更为突出而投资资产占总资产的比重这一指标排名第三十九位，在一定程度上影响了其赢利能力的排名。

• 生命人寿和太保寿分列赢利能力的第五名和第六名，它们在赢利能力各项指标上的表现都比较均衡，反映了公司经营的稳健性。

• 新华人寿位于赢利能力第七名，主要是由于其在投资资产占总资产比率（排名第四、96.7 分）和净利润（第三名、49.2 分）指标上的优秀表现。

• 人保寿险的赢利能力排名第八名，主要是由于其在保费收入利润率（第三名、96.3 分）和净利润（第六名、35.5 分）上的不俗表现，反映了公司很强的承保能力和管理水平。

• 中宏人寿的赢利能力排名第九，作为进入赢利资金排名前十的第二家外资保险公司，如果其在净投资收益率（第四十四名、1.4 分）上表现再略微好一点的话，其赢利能力水平将会大有进步。

• 阳光人寿的赢利能力排名第十，其中其保费收入利润率在47家公司中排名第一，说明阳光人寿具有很强的业务拓展和承保能力，但是其在净利润、总资产收益率、净资产收益率等方面表现一般，还有改进的空间。

（二）各二级指标得分与排名前十的人身保险公司（见表4－4）

表4－4 赢利能力下各二级指标得分与排名前十的公司

二级指标排名	I－1 总资产收益率	I－2 净资产收益率	I－3 净投资收益率	I－4 投资收益率	I－5 保费收入利润率	I－6 投资资产占总资产比率	I－7 人均综合收益	I－8 人均利润	I－9 净利润
	公司名称（得分）	公司名称（得分）	公司名称（得分）	公司名称（得分）	公司名称（得分）	公司名称（得分）	公司名称（得分）	公司名称（得分）	公司名称（得分）
1	平安养老（100）	平安人寿（100）	太平养老（100）	中新大东方（100）	阳光人寿（100）	中邮人寿（100）	平安人寿（100）	招商信诺（100）	国寿股份（100）
2	招商信诺（98.37）	信诚人寿（99.43）	信诚人寿（39.16）	百年人寿（96.41）	合众人寿（96.91）	国寿股份（98.05）	国寿股份（95.83）	平安人寿（96.57）	平安人寿（77.96）
3	中宏人寿（98.22）	泰康人寿（99.15）	中新大东方（38.94）	中荷人寿（84.65）	人保寿险（96.29）	英大人寿（96.78）	太平洋（92.47）	中美联泰（96.19）	新华人寿（49.22）
4	信诚人寿（97.91）	招商信诺（99.12）	平安养老（34.76）	国华人寿（83.49）	中荷人寿（95.95）	新华人寿（96.66）	中英人寿（90.68）	中宏人寿（96.08）	太平洋（46.35）
5	中美联泰（97.62）	中美联泰（99.10）	招商信诺（31.76）	长城人寿（82.30）	新华人寿（95.07）	中荷人寿（96.58）	中宏人寿（89.88）	国寿股份（94.60）	泰康人寿（42.45）
6	平安人寿（95.09）	平安养老（98.79）	国华人寿（31.06）	民生人寿（81.16）	泰康人寿（93.26）	交银康联（95.70）	招商信诺（89.63）	建信人寿（94.15）	人保寿险（35.51）
7	新华人寿（94.54）	友邦人寿（98.71）	中德安联（27.56）	生命人寿（77.55）	光大永明（92.58）	民生人寿（95.26）	建信人寿（88.62）	平安养老（93.60）	太平人寿（35.14）
8	国寿股份（94.40）	新华人寿（98.43）	阳光人寿（27.43）	新光海航（77.02）	招商信诺（92.30）	太平洋（95.04）	国华人寿（88.48）	太平洋（93.13）	生命人寿（33.40）
9	友邦人寿（93.92）	中宏人寿（98.43）	平安健康（26.77）	建信人寿（76.70）	太平人寿（92.09）	太平人寿（95.01）	中美联泰（86.39）	中英人寿（93.11）	信诚人寿（32.62）
10	泰康人寿（93.81）	太平人寿（98.25）	百年人寿（26.28）	中邮人寿（75.36）	太平洋（91.47）	中宏人寿（93.28）	平安养老（86.27）	信诚人寿（91.86）	友邦人寿（32.62）

表4－4反映了赢利能力的各项指标中，排名前十的人身险公司及其得分情况，为我们分析人身保险业整体的赢利情况提供了一个比较全面的指标分析框架。

从表4-4可以看出，净资产收益率和人均综合收益的第一名都是平安人寿，这两项指标前十名的得分分别是从100~98.25分和100~86.27分，说明各公司尽管有差别，但是各个公司在这两项指标上的表现差距并不明显；

同样的情况也出现在总资产收益率（从100~93.81分）、投资资产占总资产的比率（从100~93.28分）、保费收入利润率（从100~91.47分）、人均利润（从100~91.86分），人身险公司在这些指标上的表现差距都不大。其中平安养老位居总资产收益率第一名、中邮人寿位居投资资产占总资产的比率的第一名、阳光人寿位居保费收入利润率第一名、招商信诺位居人均利润第一名。

各公司赢利能力差距比较明显的指标主要是净投资收益率（从平安人寿的100分到百年人寿的26.28分）和净利润指标（从中国人寿的100分到友邦人寿的32.62分）。净利润指标与公司的发展历史、资产规模等密切相关，中国人寿是当之无愧的老大。显然这两项指标对各个公司赢利能力排名的影响较大。

我们可以把净投资收益率与投资收益率（从中新大东方的100分到中邮人寿的75.36分）可以做一个对比分析。从表4-4可以看出，各公司在投资收益率上的差别并不是很大，而在净投资收益率上的指标得分差异性较大，其差别显然来自于对公司的“公允价值变动、利息收入和汇兑损益”的计算。

（三）赢利能力结构的模糊聚类分析

聚类分析是数理统计中的一种多元分析方法，它是用数学方法定量地确定研究对象的亲疏关系，从而客观地划分类型以及度量研究对象之间的相似程度。事物之间的界限，有些是确切的，有些则是模糊的。当聚类涉及事物之间的模糊界限时，需运用模糊聚类分析方法。

我们根据保险公司在这些指标上的指标得分，运用模糊聚类方法分析各公司之间的相似程度，为各公司之间的赢利能力比较提供一个新的方法和视角。同时，模糊聚类分析是一种基于“物以类聚、人以群分”的观念进行各公司之间经营结构上近似程度的比较分析，不是优劣评价（见表4-5）。

从表4-5可以看出，处于主对角线上的值都取1，显然各个公司和自己的相似与贴近程度为100%。

根据表4-5，赢利能力排名前十的公司的各项指标的相似性都不高且差别不大，介于0.60到0.73之间。赢利能力指标相似程度较高的是中荷人寿与民生人寿，它们的相似度为0.73。这说明各公司之间的赢利能力和模式可比性不强，这也从另一个方面说明我国人身险公司的赢利能力和水平还需要进一步提高。在国际经济危机和国内经济结构调整的过程中，寿险业如何实现赢利能力的提高，在市场

表 4-5 赢利能力排名前 10 的公司的模糊聚类等价分析矩阵

	中荷寿	国寿	民生寿	平安寿	生命寿	太保寿	新华寿	人保寿	中宏寿	阳光寿
中荷寿	1.00	0.62	0.73	0.60	0.70	0.62	0.62	0.61	0.62	0.60
国寿	0.62	1.00	0.62	0.60	0.62	0.64	0.64	0.61	0.63	0.60
民生寿	0.73	0.62	1.00	0.60	0.70	0.62	0.62	0.61	0.62	0.60
平安寿	0.60	0.60	0.60	1.00	0.60	0.60	0.60	0.60	0.60	0.60
生命寿	0.70	0.62	0.70	0.60	1.00	0.62	0.62	0.61	0.62	0.60
太保寿	0.62	0.64	0.62	0.60	0.62	1.00	0.71	0.61	0.63	0.60
新华寿	0.62	0.64	0.62	0.60	0.62	0.71	1.00	0.61	0.63	0.60
人保寿	0.61	0.61	0.61	0.60	0.61	0.61	0.61	1.00	0.61	0.60
中宏寿	0.62	0.63	0.62	0.60	0.62	0.63	0.63	0.61	1.00	0.60
阳光寿	0.60	0.60	0.60	0.60	0.60	0.60	0.60	0.60	0.60	1.00

中发现和发掘赢利模式将成为中国寿险业面临的一个严峻的问题。

在赢利能力排名前十的公司中，新华人寿与太平洋人寿的相似性是 0.71；中荷人寿、民生人寿、生命人寿之间的相似性是 0.70；可比性还可以。

其余各家公司之间的相似性都低于 0.70，可比性都较低。

三、2012 年人身保险公司资本管理能力排名与分析

数据预处理后，我们根据 47 家人身险公司的 8 个二级指标数据，得到一个 47×8数据矩阵；根据主成分分析方法，我们选取了 5 个主成分，其累计解释率为 85.68%，每个主成分都是这 8 个二级指标的线性组合（见表 4-6）。

表 4-6 资本管理能力竞争力的评价排名与得分

公司名称	排名	得分	公司名称	排名	得分
长城人寿	1	100.00	太平洋人寿	10	81.26
中德安联	2	93.42	海康人寿	11	79.23
泰康人寿	3	91.86	新华人寿	12	78.88
人保健康	4	91.06	招商信诺	13	78.49
中邮人寿	5	89.40	中意人寿	14	77.14
人保寿险	6	87.89	中美联泰	15	76.13
太平人寿	7	87.11	国华人寿	16	76.06
百年人寿	8	87.03	中荷人寿	17	74.98
合众人寿	9	83.26	生命人寿	18	74.71

续表

公司名称	排名	得分	公司名称	排名	得分
华泰人寿	19	74.63	英大人寿	34	60.16
天安人寿	20	73.97	中宏人寿	35	57.80
民生人寿	21	73.30	工银安盛	36	57.79
光大永明	22	72.33	中航三星	37	56.08
平安人寿	23	71.79	新光海航	38	55.03
华夏人寿	24	71.53	北大方正人寿	39	54.18
信诚人寿	25	70.87	君龙人寿	40	53.74
国寿股份	26	70.15	建信人寿	41	50.51
友邦人寿	27	68.84	汇丰人寿	42	47.31
国泰人寿	28	67.86	太平养老	43	46.97
恒安标准	29	67.50	长生人寿	44	42.37
平安养老	30	67.20	交银康联	45	35.99
中英人寿	31	67.08	阳光人寿	46	32.77
农银人寿	32	62.96	平安健康	47	20.00
中新大东方	33	61.56			

从表4－6可以看出，人身保险市场上资本管理能力排名前三的依次是长城人寿、中德安联和泰康人寿，得分分别为100分、93.42分和91.86分。

参评的47家人身保险公司的赢利能力的最高分是长城人寿（100分），最低分是平安健康（20分）。

80分以上的公司有10家，70~80分之间的有16家，60~70分之间的有8家，60分以下的有13家。

图4－3显示了赢利能力排名前十的公司，依次是长城人寿、中德安联、泰康人寿、人保健康、中邮人寿、人保寿险、太平人寿、百年人寿、合众人寿、太平洋人寿。

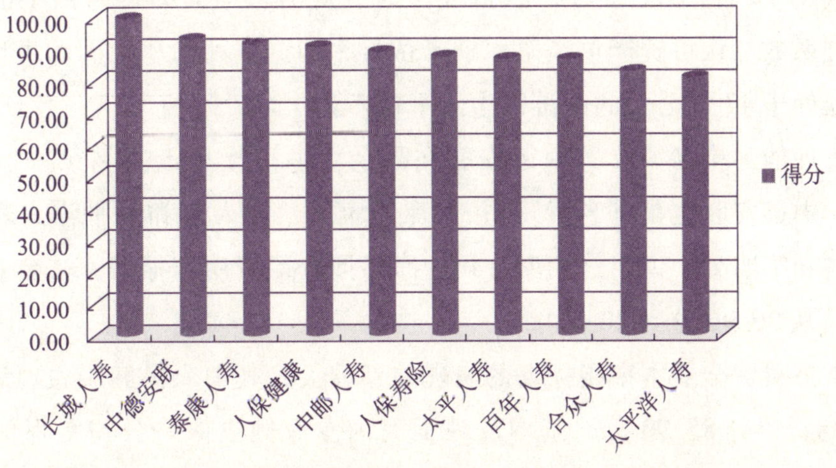

图4－3　资本管理能力排名前十的公司的得分比较

其中除了第一名长城人寿的得分比较突出外，其余9家公司的得分差别不大，呈现一种缓慢的下降趋势，说明这些公司的资本管理能力或者效果差别并不明显。

（一）资本管理能力排名前十的寿险公司，其二级指标的排名与得分（见表4－7）

表4－7　资本管理能力排名前十的寿险公司，其二级指标的排名与得分情况

经营能力指标	资本管理系数		盈余缓解率		认可资产负债率		资产认可率		资本利用率		资金成本率		杠杆系数		资金运用效率	
公司	排名	得分	排名	得分	排名	得分	排名	得分	排名	得分	排名	得分	排名	得分	排名	得分
长城寿	42	37.77	3	76.48	2	99.46	11	95.75	3	81.78	16	91.75	18	33.45	2	93.42
中德安联	21	96.20	1	100.00	5	95.89	2	99.37	10	56.56	26	90.11	46	20.08	18	68.68
泰康寿	9	98.06	10	36.96	8	94.61	8	96.40	8	59.68	9	92.87	1	100.00	24	65.15
人保健康	4	99.14	2	80.46	19	91.47	14	95.61	5	74.46	38	85.90	22	29.47	21	66.80
中邮寿	7	98.69	47	20.00	13	93.23	4	97.81	1	100.00	29	88.62	3	91.06	38	46.32
人保寿	1	100.00	41	20.65	4	96.48	15	95.39	7	60.42	5	93.34	5	55.17	8	80.52
太平寿	5	98.82	26	23.14	10	94.01	23	93.97	9	58.24	7	93.04	2	96.99	26	63.65
百年寿	28	93.89	44	20.41	32	86.44	29	92.99	4	80.94	32	87.06	14	38.82	4	89.38
合众寿	1	100.00	36	20.99	3	96.51	7	96.66	11	56.24	4	93.89	10	43.63	15	72.26
太保寿	24	95.78	4	64.99	25	90.26	13	95.63	19	42.82	12	92.40	8	47.46	32	56.51

表4－7具体分析了资本管理能力排名前十的寿险公司的情况，即资本管理能力体系下的8个二级指标的具体得分及排名，有利于我们分析这十家公司的资本管理能力。

从整体上看，除了长城人寿的偿付能力充足率不到150%，而使得其资本管理系数得分（第42名，37.77分）较低外，这些资本管理能力排名前十的这些公司在资本管理系数、认可资产负债率、资产认可率和资本利用率上面的表现都比较优良，大部分处于47家公司的中游以上水平或者前十名。

资本管理能力排名第二的中德安联在盈余缓解率指标上排名第一（似乎去年此项指标，中德安联也是排名第一），人保健康、长城人寿和太平洋人寿分列第二名、第三名和第四名，说明这四家公司的净摊回分保费用都很高，其余六家公司得分都较低（从36.96分到20分）。

这十家公司资金成本率指标上的表现差别较大，其中人保健康表现最差，仅仅是排名第38，得分85.90分，基本反映了我国专业健康保险公司承保的难度与成本压力；此外中邮人寿（排名29，得分88.62分）和中德安联（排名26，得分

90.11 分）的表现也差强人意。

泰康人寿在杠杆系数指标上排名第一，太平人寿排名第二（96.99 分）和中邮人寿排名第三（91.06 分），说明这三家公司保留了较多的自留保费；与此相对应的，外资保险公司中德安联在此项指标上，排名第 46，得分 20.08 分，显然中德安联与大部分中资保险公司在自留保费的处理理念上有较大的差别。

在资金运用效率指标上，这十家公司并不占有明显的优势，排名较高的是长城人寿（排名第二，93.42 分）、百年人寿（排名第四，89.38 分）和人保寿险（排名第八，80.52 分），其余公司的得分都不高，处于中等水平。

（二）资本管理能力下各二级指标排名与得分前十的公司情况（见表 4－8）

表 4－8　资本管理能力下各二级指标排名与得分前十的公司

二级指标	资本管理系数	盈余缓解率	认可资产负债率	资产认可率	资本利用率	资金成本率	杠杆系数	资金运用效率
排名	公司名称（得分）	公司名称（得分）	公司名称（得分）	公司名称（得分）	公司名称（得分）	公司名称（得分）	公司名称（得分）	公司名称（得分）
1	合众人寿 100.00	中德安联 100.00	国华人寿 100.00	友邦人寿 100.00	中邮人寿 100.00	阳光人寿 100.00	泰康人寿 100.00	中新大东方 100.00
2	人保寿险 100.00	人保健康 80.46	长城人寿 99.46	中德安联 99.37	天安人寿 81.78	招商信诺 94.44	太平人寿 96.99	长城人寿 93.42
3	中美联泰 99.45	长城人寿 76.48	合众人寿 96.51	平安人寿 97.81	长城人寿 81.78	中荷人寿 93.93	中邮人寿 91.06	国泰人寿 90.54
4	人保健康 99.14	太保寿 64.99	人保寿险 96.48	中邮人寿 97.81	百年人寿 80.94	合众人寿 93.89	招商信诺 62.60	百年人寿 89.38
5	太平人寿 98.82	海康人寿 63.58	中德安联 95.89	平安健康 97.23	人保健康 74.46	人保寿险 93.34	人保寿险 55.17	国华人寿 85.20
6	天安人寿 98.77	招商信诺 51.45	中美联泰 94.97	汇丰人寿 96.80	农银人寿 62.57	光大永明 93.30	平安人寿 52.61	中荷人寿 83.49
7	中邮人寿 98.69	中美联泰 50.08	建信人寿 94.79	合众人寿 96.66	人保寿险 60.42	太平人寿 93.04	新华人寿 52.23	民生人寿 81.75
8	平安养老 98.26	中意人寿 41.73	泰康人寿 94.61	泰康人寿 96.40	泰康人寿 59.68	新华人寿 92.95	太保寿 47.46	人保寿险 80.52
9	泰康人寿 98.06	新华人寿 37.94	国泰人寿 94.60	中意人寿 96.12	太平人寿 58.24	泰康人寿 92.87	友邦人寿 45.95	长生人寿 77.58
10	中意人寿 97.93	泰康人寿 36.96	太平人寿 94.01	英大人寿 95.81	中德安联 56.56	中英人寿 92.77	合众人寿 43.63	新光海航 77.04

表4-8给出了资本管理能力下，各二级指标排名前十的公司及其得分情况，从而可以对保险公司在资本管理能力下的整体表现情况有一个基本的了解。

从表4-8可以看出，各项指标排名前十的公司，在指标资本管理系数、认可资产负债率、资产认可率、资金成本率上的表现差别不大，都是从第一名的100分到第十名的92分以上。这些指标反映了公司财务状况的稳定性；同时也说明寿险公司在偿付能力充足率、资产负债管理水平和承保收益上，这些公司的差别并不明显，没有能力和水平上的差距。

盈余缓解率指标，中德安联排名第一，而排名第十的泰康人寿仅仅得分36.96分，说明这十家公司在净摊回分保费用上的表现差距明显；与此相对照，指标杠杆系数排名第一的是泰康人寿，排名第十的是合众人寿（43.63分），这些公司在自留保费的观念和处理方式上也是各不相同。

资本利用率指标反映了公司利用资本获取收入的能力，中邮人寿排名第一，而排名第十的是中德安联（56.56分），显然各个公司获取业务收入的能力还是有所差别的。

资金运用效率指标反映了公司可运用资金的收益率，排名第一的是中新大东方，排名第十的是新光海航（77.04分）。排名前十的公司得分有所差别，而在这十家公司中，有5家为中资公司，5家为外资公司，中外资在资金运用效率上难分高下。

（三）资本管理能力结构的模糊聚类分析

聚类分析是数理统计中的一种多元分析方法，它是用数学方法定量地确定研究对象的亲疏关系，从而客观地划分类型和度量研究对象之间的相似程度。事物之间的界限，有些是确切的，有些则是模糊的。当聚类涉及事物之间的模糊界限时，需运用模糊聚类分析方法。

本书试图根据保险公司在这些指标上的指标得分，运用模糊聚类方法分析各公司之间的相似程度，为各公司之间的赢利能力比较提供一个新的方法和视角。同时它体现的是一种“物以类聚、人以群分”的观念，实现的是对于公司资本管理能力结构的相似性分析，得分高低并不意味着资本管理能力的水平高低（见表4-9）。

从表4-9可以看出，处于主对角线上的值都取1，显然各个公司和自己的相似与贴近程度为100%。

从此等价分析矩阵可以看出，各公司间的相似性得分都不高，最高的是0.86分、最低的是0.45分，相似性得分的差距也比较明显。

表 4-9　　资本管理能力排名前 10 的公司的模糊聚类等价矩阵

	长城寿	中德安联	泰康寿	人保健康	中邮寿	人保寿	太平寿	百年寿	合众寿	太保寿
长城寿	1.00	0.50	0.50	0.50	0.50	0.50	0.50	0.45	0.50	0.50
中德安联	0.50	1.00	0.60	0.59	0.60	0.60	0.60	0.45	0.60	0.60
泰康寿	0.50	0.60	1.00	0.59	0.61	0.73	0.85	0.45	0.73	0.61
人保健康	0.50	0.59	0.59	1.00	0.59	0.59	0.59	0.45	0.59	0.59
中邮寿	0.50	0.60	0.61	0.59	1.00	0.61	0.61	0.45	0.61	0.61
人保寿	0.50	0.60	0.73	0.59	0.61	1.00	0.73	0.45	0.86	0.61
太平寿	0.50	0.60	0.85	0.59	0.61	0.73	1.00	0.45	0.73	0.61
百年寿	0.45	0.45	0.45	0.45	0.45	0.45	0.45	1.00	0.45	0.45
合众寿	0.50	0.60	0.73	0.59	0.61	0.86	0.73	0.45	1.00	0.61
太保寿	0.50	0.60	0.61	0.59	0.61	0.61	0.61	0.45	0.61	1.00

虽然长城人寿在资本管理能力中排名第一，但是在此模糊聚类等价矩阵中，长城人寿与其他公司在资本管理能力方面的相似程度与可比性很低，仅有 0.50 分，说明长城人寿的资本管理能力与其他公司的共同性较弱、相似性较差，其他公司难以模仿或者学习。也可以说长城人寿虽然在资本管理能力方面 2012 年的得分最高，但是资本管理的模式和方法还难以被其他公司借鉴和学习。

此矩阵中，得分最高的是人保寿险与合众人寿的相似性得分，为 0.86 分，即在资本管理能力排名前十的公司中，这两家公司的资本管理模式和水平最为相似与接近，具有较高的可比性，可以作进一步的分析和研究。

泰康人寿与太平人寿的相似性得分是 0.85 分，说明两家公司在资本管理能力方面也具有较高的可比性与相似性。

泰康人寿、太平人寿与人保寿险、合众人寿之间这四家公司之间的可比性与相似性都达到了 0.73 分，也具有一定的可比性。

除此之外的公司之间的模糊等价聚类分析矩阵的得分都不高于 0.61 分，可比性都较差。

整体来看，在资本管理能力和水平上，资本管理能力排名前十的公司之间的近似性与可比性都不高，说明各寿险公司需要加强这方面的研究分析，提高资本管理能力水平。

四、2012 年人身保险公司经营能力排名与分析

数据预处理后，我们根据 47 家人身险公司的 10 个二级指标数据，得到一个

47×10数据矩阵；根据主成分分析方法，选取5个主成分，其累计解释率为91.21%，每个主成分都是这十个二级指标的线性组合（见表4-10）。

表4-10 人身险公司经营能力排名及得分

公司名称	排名	得分	公司名称	排名	得分
国寿股份	1	100.00	海康人寿	25	40.24
平安人寿	2	69.57	中英人寿	26	39.92
太平洋人寿	3	60.44	中宏人寿	27	39.75
新华人寿	4	59.99	中邮人寿	28	39.00
泰康人寿	5	59.98	英大人寿	29	38.15
人保寿险	6	57.86	平安养老	30	38.02
太平人寿	7	54.89	中荷人寿	31	37.18
长城人寿	8	54.74	农银人寿	32	36.55
人保健康	9	50.47	恒安标准	33	36.25
友邦人寿	10	48.97	国泰人寿	34	35.61
生命人寿	11	48.80	北大方正人寿	35	34.97
合众人寿	12	46.56	天安人寿	36	34.75
国华人寿	13	44.60	中航三星	37	33.74
华夏人寿	14	44.19	工银安盛	38	32.82
阳光人寿	15	43.52	君龙人寿	39	32.68
华泰人寿	16	43.39	太平养老	40	32.58
中美联泰	17	43.34	长生人寿	41	30.48
百年人寿	18	43.15	交银康联	42	29.79
民生人寿	19	42.37	汇丰人寿	43	29.35
信诚人寿	20	41.91	建信人寿	44	26.54
中意人寿	21	41.32	新光海航	45	26.27
光大永明	22	40.95	中新大东方	46	22.44
招商信诺	23	40.94	平安健康	47	20.00
中德安联	24	40.77			

从表4-10可以看出，人身保险市场上经营能力排名前三的依次是国寿股份、平安人寿和太平洋人寿，得分分别为100、69.57和60.44。

参评的47家人身保险公司的赢利能力的最高分是国寿股份（100分），最低分是平安健康（20分）。

80分以上的公司只有1家国寿股份，70~80分之间的有0家，60~70分之间的有 2 家，60 分以下的有 44 家。

从表 4－10 的得分与排名可以看出，各公司在经营能力方面差距较大，尤其与第一名国寿股份的差距较明显，这显然与国寿股份的历史地位和发展规模分不开的（见图 4－4）。

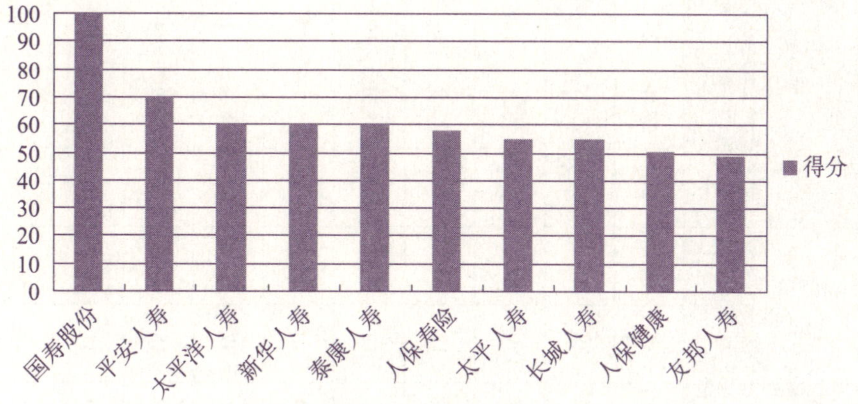

图 4－4　经营能力排名前十的得分比较

图 4－4 列明了经营能力排名前十的公司，依次是国寿股份、平安人寿、太平洋人寿、新华人寿、泰康人寿、人保寿险、太平人寿、长城人寿、人保健康和友邦人寿。

其中国寿股份的得分（100 分）明显高于其他九家公司，第十名友邦人寿仅仅得分 48.97 分，不到国寿股份的一半 50 分。

（一）经营能力排名前十的公司，其二级指标的具体得分及排名（见表 4－11）

表 4－11 具体分析了经营能力排名前十的寿险公司的情况，即经营能力体系下的 10 个二级指标的具体得分及排名，有助于分析这十家公司经营能力的具体表现。

有必要提示的是，这些指标都没有进行正向或者逆向处理，都是根据定义得到原始数据后的标准化得分（最高是 100 分，最低是 20 分）。

总资产周转率是考察企业资产运营效率的 项重要指标，反映了企业全部资产的管理质量和利用效率。总体来看，这十家公司在总资产周转率上的排名都比较靠后，说明这些公司的资产运营效率并不是很靠前。

与此相对照的是这十家公司在净资产周转率上的排名都比较靠前。其中长城人寿在 47 家公司中，排名第二（88.2 分）、人保寿险排名第五、人保健康排名第七、太平人寿排名第八等，排名最低是中国人寿，排名二十七（得分 35.9 分）。

表 4-11　经营能力排名前十的公司，其二级指标的具体得分及排名

指标	净资产周转率		总资产周转率		综合费用率		综合费用率的增长率		手续费及佣金比率		两年平均赔付率		险种集中度系数		退保率		资产增量保费比		报告期营业收入	
公司	排名	得分	排名	得分	排名	得分	排名	得分	排名	得分	排名	得分	排名	得分	排名	得分	排名	得分	排名	得分
国寿	27	35.9	28	41.9	45	25.8	21	69.9	30	48.5	11	74.1	39	22.9	27	27.4	23	55.8	1	100.0
平安	10	52.7	42	35.6	38	29.7	18	71.4	26	51.9	19	67.9	28	27.3	42	22.5	9	69.1	2	51.7
太保寿	17	46.5	35	40.5	42	27.8	15	73.7	25	51.9	20	67.1	29	27.3	23	28.1	18	57.7	4	42.0
新华	13	50.6	21	45.2	43	26.6	26	67.1	39	40.4	22	66.3	17	34.7	12	32.7	16	59.1	3	43.1
泰康	6	66.3	38	38.3	40	28.7	17	72.7	33	44.9	21	66.9	19	32.6	24	28.0	19	57.1	6	34.8
人保寿	5	67.0	25	44.2	46	21.6	25	67.6	45	27.8	7	77.9	10	45.5	7	35.1	22	55.9	5	35.4
太平寿	8	61.9	20	46.5	37	30.1	24	68.1	29	49.9	28	63.2	37	23.5	22	28.1	21	56.4	7	28.3
长城寿	2	88.2	30	41.0	34	31.6	46	20.2	8	62.1	31	58.8	18	33.3	16	30.9	44	38.5	27	20.6
人保健康	7	63.7	27	43.4	41	28.0	44	39.5	47	20.1	3	85.9	33	24.2	43	21.5	35	46.7	14	21.3
友邦人寿	11	52.0	41	36.7	29	34.0	28	65.6	10	61.6	16	70.8	45	20.1	38	23.6	14	60.8	12	22.0

这十家公司在综合费用率、综合费用率的增长率、手续费及佣金比率、退保率（除了人保寿险排名第七，得分35.1分）、险种集中度系数（除了人保寿险，排名第十，得分45.5分）指标上的得分和排名都不高。说明经营能力排名前十的这些公司在承保成本控制、产品开发与业务拓展能力方面都很强。

资产增量保费比反映了保险公司业务收入对公司资产变化的影响，这十家公司的排名和得分在这47家公司中，处于中游水平。

这十家公司在报告期营业收入指标上的排名都比较靠前，其中中国人寿排名第一，除了长城人寿排名第二十七名外，其余八家公司排名在第二到第十四之间，反映了这些公司的营业收入的经营水平都很强。

（二）经营能力下，各个二级指标排名前十的公司及其得分情况（见表4-12）

表4-12　　经营能力下各个指标排名前十的公司及其得分

二级指标	净资产周转率	总资产周转率	综合费用率	综合费用率增长率	手续费及佣金比率	两年平均赔付率	险种集中度系数	退保率	资产增量保费比	报告期营业收入
排名	公司名称（得分）	公司名称（得分）	公司名称（得分）	公司名称（得分）	公司名称（得分）	公司名称（得分）	公司名称（得分）	公司名称（得分）	公司名称（得分）	公司名称（得分）
1	中邮人寿（100）	中邮人寿（100）	平安健康（100）	中航三星（100）	海康人寿（100）	国华人寿（100）	天安人寿（100）	阳光人寿（100）	国华人寿（100）	国寿股份（100）
2	长城人寿（88.2）	百年人寿（82.0）	太平养老（77.4）	合众人寿（96.9）	中航三星（90.8）	中邮人寿（96.6）	中邮人寿（99.9）	光大永明（96.4）	中航三星（93.5）	平安人寿（51.7）
3	天安人寿（84.5）	建信人寿（74.0）	中航三星（64.4）	交银康联（89.4）	长生人寿（78.3）	人保健康（85.9）	中新大东方（88.3）	天安人寿（92.6）	英大人寿（89.0）	新华人寿（43.1）
4	百年人寿（81.8）	新光海航（70.2）	国泰人寿（61.3）	光大永明（89.0）	平安养老（74.3）	农银人寿（81.3）	建信人寿（69.5）	百年人寿（79.7）	建信人寿（87.1）	太平洋人寿（42.0）
5	人保寿险（67.0）	天安人寿（67.5）	中德安联（57.1）	天安人寿（81.9）	招商信诺（72.1）	华夏人寿（80.6）	平安健康（62.5）	合众人寿（72.0）	生命人寿（81.5）	人保寿险（35.4）
6	泰康人寿（66.3）	工银安盛（64.9）	君龙人寿（56.8）	国华人寿（80.6）	新光海航（68.8）	建信人寿（80.4）	交银康联（56.9）	交银康联（64.0）	光大永明（78.0）	泰康人寿（34.8）
7	人保健康（63.7）	平安养老（64.1）	长生人寿（56.4）	华夏人寿（80.3）	中宏人寿（65.0）	人保寿险（77.9）	百年人寿（54.5）	人保寿险（60.0）	天安人寿（77.6）	太平人寿（28.3）
8	太平人寿（61.9）	汇丰人寿（62.5）	中新大东方（57.1）	海康人寿（80.2）	长城人寿（62.1）	中新大东方（76.8）	新光海航（53.1）	中英人寿（58.6）	交银康联（73.2）	生命人寿（25.7）
9	合众人寿（58.9）	太平养老（59.4）	英大人寿（51.0）	中邮人寿（80.0）	华泰人寿（61.8）	中意人寿（75.1）	汇丰人寿（50.7）	海康人寿（57.5）	平安人寿（69.1）	阳光人寿（23.7）
10	平安人寿（52.7）	中美联泰（54.3）	新光海航（50.4）	北大方正（79.3）	友邦人寿（61.6）	恒安标准（74.9）	人保寿险（45.9）	华泰人寿（57.5）	信诚人寿（68.9）	中邮人寿（23.0）

表4-12反映了各项指标排名前十的公司及其得分情况，从而对保险公司在经营能力上的具体表现有一个了解。

以上这些指标都没有做逆向或者正向处理，各公司的指标数据都是根据课题组的定义计算出来后，按照最高分100分，最低分20分进行标准化处理的。

从表4-12可以看出：各公司在经营能力指标上的表现还是有一定差距的。

其中，总资产周转率与净资产周转率反映了公司资产的管理质量和利用效率。中邮人寿在这两项指标上，都是名列第一；而第十名得分分别是平安人寿的52.7分和中美联泰的54.3分。

综合费用率指标得分第一是平安健康，这也一定程度上反映了健康保险业的拓展业务的难度。

此项指标前十家公司中，有八家是外资保险公司（排名第一的平安健康、排名第三的中航三星、第四名的国泰人寿、第五名的中德安联、第六名的君龙人寿、第七名的长生人寿、第八名的中新大东方和第十名的新光海航）。这也说明与中资保险公司比较，外资保险公司的费用管理并不占优势；或者外资保险公司拓展业务的意愿和水平还是很高的。

手续费及佣金比率指标排名第一的是海康人寿，并且其前十名中也是外资保险公司占优，与综合费用率指标的情况类似。手续费及佣金比率指标排名前十的公司中，有7家是外资保险公司，分别是排名第一的海康人寿、第二名的中航三星、第五名的招商信诺、第六名的新光海航、第七名的中宏人寿、第九名的华泰人寿和第十名的友邦人寿。

综合费用增长率的指标中排名第一的是中航三星，而排名第十的是得分79.3分的北大方正，各公司之间的得分差距并不是很大。

两年平均赔付率与公司的产品特点和服务管理水平有关，排名前三的分别是国华人寿（100分）、中邮人寿（96.6分）和人保健康（85.9分）。其中中邮人寿的两年平均赔付率高，可能是与公司的小额保险业务占比较大的特点有关，人保健康此项指标较高可能是与健康保险产品普遍的业务特点分不开的。此项指标排名第十的是恒安标准，得分是74.9分，与第一名差距不是很明显。

险种集中度系数反映了公司保费收入来源的产品集中程度，此项指标取值太大说明公司的保费收入过多集中于少数产品。此项指标名列前三名的分别是天安人寿（100分）、中邮人寿（99.9分）和中新大东方（88.3分），这三家公司需要加强公司的产品开发能力，提高产品的拓展能力和管理水平。

退保率指标能够比较全面地反映公司的经营能力和应对退保的风险准备能力，

退保率取值太高会影响公司的风险管理能力和业务的稳定性。排名前三的分别是阳光人寿（100 分）、光大永明（96.4 分）和天安人寿（92.6 分），差距不大；排名第十的是华泰人寿，得分是 57.5 分。

资产增量保费比反映的是保险公司的保险业务收入对公司资产变化的影响，排名前三名的分别是国华人寿、中航三星和英大人寿。第十名是信诚人寿，得分是 68.9 分，差距不是很明显。

报告期营业收入的前三名分别是中国人寿（100 分）、平安人寿（第二名，51.7 分）和新华人寿（第三名，43.1 分），中国人寿的优势明显。第十名是中邮人寿，得分是 23.0 分，这对于成立不到 4 年的公司，实属不易。

（三）经营能力结构的模糊聚类分析

聚类分析是数理统计中的一种多元分析方法，它是用数学方法定量地确定研究对象的亲疏关系，从而客观地划分类型和度量研究对象之间的相似程度。事物之间的界限，有些是确切的，有些则是模糊的。当聚类涉及事物之间的模糊界限时，需运用模糊聚类分析方法。

本文试图根据保险公司在这些指标上的指标得分，运用模糊聚类方法分析各公司之间的相似程度，为各公司之间的赢利能力比较提供一个新的方法和视角。同时它体现的是一种“物以类聚、人以群分”的观念，实现的是对于公司经营能力结构的相似性分析，得分高低并不意味着经营能力的水平高低（见表 4－13）。

表 4－13　经营能力排名前十的公司的模糊聚类等价分析矩阵

	国寿	平安寿	太保寿	新华寿	泰康寿	人保寿	太平寿	长城寿	人保康	友邦寿
国寿	1.00	0.68	0.68	0.68	0.68	0.66	0.68	0.45	0.48	0.66
平安寿	0.68	1.00	0.70	0.70	0.70	0.66	0.70	0.45	0.48	0.66
太保寿	0.68	0.70	1.00	0.71	0.79	0.66	0.71	0.45	0.48	0.66
新华寿	0.68	0.70	0.71	1.00	0.71	0.66	0.71	0.45	0.48	0.66
泰康寿	0.68	0.70	0.79	0.71	1.00	0.66	0.71	0.45	0.48	0.66
人保寿	0.66	0.66	0.66	0.66	0.66	1.00	0.66	0.45	0.48	0.66
太平寿	0.68	0.70	0.71	0.71	0.71	0.66	1.00	0.45	0.48	0.66
长城寿	0.45	0.45	0.45	0.45	0.45	0.45	0.45	1.00	0.45	0.45
人保康	0.48	0.48	0.48	0.48	0.48	0.48	0.48	0.45	1.00	0.48
友邦寿	0.66	0.66	0.66	0.66	0.66	0.66	0.66	0.45	0.48	1.00

从表 4－13 可以看出，处于主对角线上的值都取 1，显然各个公司和自己的相似与贴近程度为 100%。

此模糊聚类等价矩阵中，各项得分都比较低，最高的是0.79分，最低的是0.45分，各公司经营能力与水平之间的可比性不高。

经营能力排名第一的国寿股份，它与其他9家公司的相似程度都不高，相似度最高的是0.68分，最低的是与长城人寿之间的0.45分。说明国寿股份的经营能力或者经营模式，其他9家公司难以模仿、不具有可比性。

在此矩阵中，最高分是泰康人寿与太平洋人寿之间的0.79分，说明这两家公司之间在经营能力各项指标下的表现相似性最接近，具有比较高的可比性。

太保寿、泰康寿与新华寿、太平寿这四家公司之间的相似性也都达到了0.71分，说明这些公司之间的经营能力的思路和模式具有比较好的可比性。

综上所述，经营能力排名前十的公司之间的近似性与可比性都不高，大公司之间的可比性相对来讲更强一些，而小公司或者新公司之间的经营能力和水平更参差不齐，寿险公司需要加强这方面的研究分析，提高经营能力管理水平。

五、2012年人身保险公司风险管理能力排名与分析

数据预处理后，我们根据47家人身险公司的9个二级指标数据，得到一个47×9数据矩阵；根据主成分分析方法，选取5个主成分，其累计解释率为87.77%，每个主成分都是这9个二级指标的线性组合。在此基础上，我们制作了表4－14。

表4－14　　风险管理能力得分及排名

公司名称	排名	得分	公司名称	排名	得分
平安健康	1	100.00	太平养老	14	42.30
建信人寿	2	71.77	百年人寿	15	41.09
中德安联	3	62.71	民生人寿	16	39.84
工银安盛	4	60.93	英大人寿	17	39.13
长城人寿	5	58.86	中新大东方	18	38.99
长生人寿	6	53.87	中美联泰	19	38.81
交银康联	7	50.58	中航三星	20	38.31
汇丰人寿	8	48.90	平安养老	21	37.36
人保健康	9	48.58	北大方正人寿	22	35.68
新光海航	10	47.31	华夏人寿	23	35.61
海康人寿	11	43.00	中邮人寿	24	35.44
君龙人寿	12	42.99	阳光人寿	25	35.02
天安人寿	13	42.37	农银人寿	26	34.83

续表

公司名称	排名	得分	公司名称	排名	得分
光大永明	27	34.03	中宏人寿	38	30.54
人保寿险	28	34.02	华泰人寿	39	30.12
生命人寿	29	33.07	中英人寿	40	30.11
恒安标准	30	32.95	国寿股份	41	30.05
中荷人寿	31	32.79	新华人寿	42	29.85
太平人寿	32	32.38	太平洋人寿	43	29.65
泰康人寿	33	31.46	平安人寿	44	29.64
国华人寿	34	31.38	友邦人寿	45	28.19
国泰人寿	35	31.35	信诚人寿	46	27.49
中意人寿	36	31.28	合众人寿	47	20.00
招商信诺	37	30.73			

从表4－14可以看出，人身保险市场上风险管理能力排名前三的依次是平安健康、建信人寿和中德安联，得分分别是100、71.77和62.71。

参评的47家人身保险公司中，平安健康排名第一（100分），并且其得分比第二名高出近30分，风险管理能力得分最低者是合众人寿（20分）。

在这47家公司中，90分以上的公司有1家，80～90分之间的有0家，70～80分之间的有1家，60～70分之间的有2家，60分以下的有43家。大部分人身险公司的风险管理能力都较低。

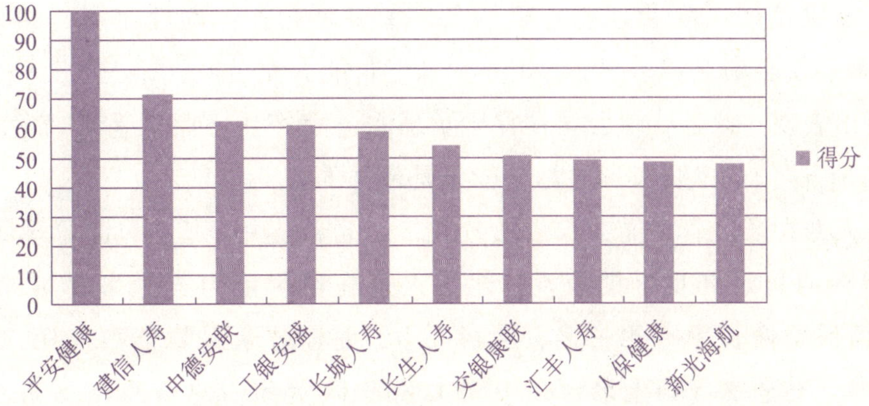

图4－5　风险管理能力排名前十的公司

图4－5列明了风险管理能力排名前十的公司，依次是平安健康、建信人寿、中德安联、工银安盛、长城人寿、长生人寿、交银康联、汇丰人寿、人保健康和新

光海航。

其中，平安健康的得分明显高于其他9家公司，建信人寿、平安健康、工银安盛得分高于60分，其他6家公司的得分都不到60分，需要加强风险管理水平和监管。

（一）风险管理能力排名前十的公司，其二级指标得分与排名情况

表4－15具体分析了风险管理能力排名前十的寿险公司的表现情况，即风险管理能力体系下的9个二级指标的具体得分及排名。

表4－15　　风险管理能力排名前十的公司，其二级指标得分与排名

赢利能力	偿付能力充足率		流动性比率		融资比例		自留比率		自留保费占净资产比		自留保费增长率		现金盈余保障倍数		准备金安全率		保险负债占总资产比	
公司	排名	得分	排名	得分	排名	得分	排名	得分	排名	得分	排名	得分	排名	得分	排名	得分	排名	得分
平安健康	3	97.7	1	100	41	21.5	42	67.9	47	20	10	36.5	27	32.6	1	100	45	58.3
建信人寿	2	99.0	22	25.7	14	30.9	11	99.4	33	31.6	2	84.4	3	49.6	7	28.5	43	64.0
中德安联	24	26.8	43	20.9	42	21.3	47	20.0	32	32.2	1	100	38	32.0	32	24.6	27	81.4
工银安盛	8	48.7	17	27.1	21	27.6	44	64.0	24	35.2	3	74.4	45	30.3	8	28.4	42	64.8
长城人寿	46	20.1	40	21.1	15	21.3	38	20.0	4	78.47	4	57.5	1	100	36	23.5	5	89.1
长生人寿	4	87.4	10	28.3	43	21.3	25	97.5	46	20.9	20	27.8	25	32.8	2	40.6	41	66.3
交银康联	1	100	14	27.6	18	28.1	14	99.1	41	26.2	14	32.3	21	33.3	15	26.1	39	69.7
汇丰人寿	6	69.4	6	60.5	45	20.6	16	99.0	31	32.4	11	36.4	32	32.3	12	26.9	44	62.9
人保健康	41	22.3	4	61.9	22	21.3	45	97.5	9	57.41	5	39.4	36	32.8	18	25.8	4	89.5
新光海航	11	41.2	2	80.7	46	81.2	13	99.4	39	27.5	12	25.9	29	37.8	3	29.2	37	80.9

平安健康位列风险管理能力第一名，主要是其在流动性比率（第一名，100分）、准备金安全率（第一名，100分）和偿付能力充足率（第三名，97.7分）指标上的突出表现；此外，该公司在保险负债占总资产比方面也是47家公司中较低的（第四十五名），从而其风险承受能力是最强的。

建信人寿在风险管理能力方面排名第二，主要是由于其在风险管理能力方面9个二级指标的稳定和良好的表现。建信人寿在偿付能力充足率（第二名，99.0分）、自留保费增长率（第二名，84.4分）、现金盈余保障倍数（第三名，49.6分）、准备金安全率（第七名，85.0分）和保险负债占总资产比（第四十三名，64.0分）方面表现都很好。

中德安联在风险管理能力方面排名第三，主要是由于其在自留保费增长率方面的突出表现（第一名，100分）。

融资比例这些十家公司的排名都比较靠后，说明其融资能力有待加强。

在自留比率方面，这十家公司的表现都较低，其中中德安联在47家公司中自留比率最低。

其他公司在风险管理能力和管理意识上差别较大。

在这些风险管理能力排名前十的公司中，偿付能力充足率都在100%以上。在此项指标中，表现最差的是长城人寿，其偿付能力充足率排名第四十六，是102%。

在流动性比率上，需要注意的是中德安联，其排名是四十三，得分是20.9分。

在自留比率上，中德安联、平安健康和工银安盛这三家外资保险公司的排名分别是四十七、四十二和四十四，其他公司排名大多在中上游，反映了外资保险公司不同的风险管理理念。

在自留保费占净资产比指标上，除了长城人寿（排名第四）和人保健康（第九名）排名前十外，其他八家公司大多排名在中等偏下水平，其中平安健康排名第四十七，长生人寿排名第四十六。

指标自留保费增长率，所有十家公司都在前二十名，其中中德安联在47家公司中排名第一（100分），并占据了前五名，说明这些公司保留了更多的自留保费。

现金盈余保障倍数反映报告期净利润中现金收益的保障程度，这十家公司的表现也是千差万别，其中长城人寿排名第一（100分）、建信人寿排名第三（49.6分），工银安盛排名第四十五，得分30.3分。

准备金安全率反映了公司的风险准备能力，长城人寿（第三十六名）和中德安联（第三十二名）表现差强人意，其他八家公司表现还是不错。

保险负债占总资产比指标，人保健康（第四名）和长城人寿（第五名）排名靠前，其他公司都处在一个比较合理的水平。

（二）风险管理能力下，各二级指标排名前十的公司及其得分情况（表4-16）

表4-16　　风险管理能力下，各二级指标排名前十的公司及得分

二级指标	偿付能力充足率	流动性比率	融资比例	自留比率	自留保费占净资产比	自留保费增长率	现金盈余保障倍数	准备金安全率	保险负债占总资产比
排名	公司名称（得分）	公司名称（得分）	公司名称（得分）	公司名称（得分）	公司名称（得分）	公司名称（得分）	公司名称（得分）	公司名称（得分）	公司名称（得分）
1	交银康联（100）	平安健康（100）	泰康人寿（100）	新华人寿（100）	中邮人寿（100）	中德安联（100）	长城人寿（100）	平安健康（100）	农银人寿（100）
2	建信人寿（99.00）	新光海航（80.69）	太平人寿（81.23）	恒安标准（100）	天安人寿（82.90）	建信人寿（84.44）	海康人寿（81.02）	长生人寿（40.6）	中邮人寿（96.4）

续表

二级指标排名	偿付能力充足率	流动性比率	融资比例	自留比率	自留保费占净资产比	自留保费增长率	现金盈余保障倍数	准备金安全率	保险负债占总资产比
	公司名称（得分）	公司名称（得分）	公司名称（得分）	公司名称（得分）	公司名称（得分）	公司名称（得分）	公司名称（得分）	公司名称（得分）	公司名称（得分）
3	平安健康（97.69）	民生人寿（74.35）	人保寿险（48.86）	中邮人寿（99.99）	百年人寿（81.00）	工银安盛（74.44）	建信人寿（49.64）	新光海航（29.2）	华夏人寿（90.4）
4	长生人寿（87.40）	人保健康（61.9）	平安人寿（46.13）	国寿股份（99.84）	长城人寿（78.47）	长城人寿（57.47）	民生人寿（44.69）	平安养老（28.8）	人保健康（89.5）
5	中新大东方（69.68）	汇丰人寿（60.91）	合众人寿（40.74）	人保寿险（99.71）	农银人寿（61.23）	人保健康（39.42）	生命人寿（44.38）	中新大东方（28.6）	长城人寿（89.1）
6	汇丰人寿（69.40）	太平养老（60.5）	新华人寿（40.71）	百年人寿（99.67）	人保寿险（60.78）	天安人寿（39.27）	人保寿险（43.05）	北大方正人寿（28.5）	友邦人寿（87.5）
7	君龙人寿（65.85）	中美联泰（60.41）	太平洋人寿（38.35）	生命人寿（99.58）	泰康人寿（59.59）	百年人寿（37.62）	中荷人寿（39.00）	建信人寿（28.5）	中荷人寿（86.9）
8	工银安盛（48.69）	君龙人寿（58.10）	生命人寿（36.41）	中荷人寿（99.57）	太平人寿（58.55）	英大人寿（37.19）	太平人寿（37.82）	工银安盛（28.4）	天安人寿（86.7）
9	中航三星（47.01）	长生人寿（55.84）	国华人寿（35.94）	平安人寿（99.48）	人保健康（57.41）	中邮人寿（36.92）	新华人寿（36.42）	中航三星（27.4）	英大人寿（84.5）
10	北大方正（41.93）	中航三星（55.27）	中意人寿（35.92）	太平人寿（99.44）	合众人寿（55.14）	平安健康（36.45）	太平洋人寿（36.38）	英大人寿（27.4）	平安人寿（83.9）

表4－16列出了风险管理能力下各二级指标排名前十的公司及得分，基本体现了保险公司风险管理能力和水平的状况。

偿付能力充足率排名前十的公司都大大超过了150%，排名第十的北大方正人寿也达到了432%，显然有点过高了。

流动性比率是衡量公司财务安全状况和短期偿债能力的重要指标，流动性比率排名最高的是平安健康，新光海航排名第二（80.69分），排名第三的民生人寿（74.35分），公司之间的差距还是比较明显的。

融资比例排名前十的公司中，泰康人寿分数最高（100分），太平人寿排名第二（81.23分），其余8家公司分数相差不大（从平安人寿的46.23分到中意人寿的35.92分）。去年的泰康人寿在此项指标上的得分也最高。

从表4－16可以看出，各公司的自留比率分数非常接近，均在99分之上，排名第一的新华（100 分）分数仅比排名第十的太平人寿（99.44 分）高出 0.56 分，这说明前十名公司在处理自留保费方面的观念和表现基本一致。

自留保费占净资产比排名前十的公司中，只有中邮人寿得分 100，90 分以上公司的只有这一家公司。80～90 分的两家；70～80 分的一家，其余 6 家公司都是接近 60 分或者低于 60 分，得分较低。

而对于自留保费增长率指标而言，中意人寿排名第一（100 分），建信人寿和工银安盛排名第二名和第三名，其余七家公司得分都低于 60 分，与这三家公司的差距明显。

现金盈余保障倍数反映报告期净利润中现金收益的保障程度。长城人寿排名第一（100 分），海康人寿排名第二（81.02 分），其余 8 家公司得分都低于 50 分，说明各个公司的现金收益保障程度差别明显。

在准备金安全率方面，平安健康排名第一（100 分），而第二名的长生人寿仅仅得分 40.6 分，各公司之间的准备金安全风险准备能力与平安健康差别明显。

农银人寿在保险负债占总资产比指标上的分数最高，而第十名的平安人寿得分为 83.9 分，说明各公司的保险负债占总资产比差距不大。

（三）风险管理能力指标结构的模糊聚类分析

聚类分析是数理统计中的一种多元分析方法，它是用数学方法定量地确定研究对象的亲疏关系，从而客观地划分类型和度量研究对象之间的相似程度。事物之间的界限，有些是确切的，有些则是模糊的。当聚类涉及事物之间的模糊界限时，需运用模糊聚类分析方法。

本书试图根据保险公司在这些指标上的指标得分，运用模糊聚类方法分析各公司之间的相似程度，为各公司之间的风险管理能力比较提供一个新的方法和视角。同时，模糊聚类分析是一种基于“物以类聚、人以群分”的观念进行各公司之间经营结构上近似程度的比较分析，不是优劣评价（见表 4－17）。

表 4－17　　风险管理能力排名前 10 的公司的模糊聚类等价矩阵

	平安健康	建信寿	中德安联	工银安盛	长城寿	长生寿	交银康联	汇丰寿	人保健康	新光海航
平安健康	1.00	0.31	0.31	0.31	0.31	0.31	0.31	0.31	0.31	0.31
建信寿	0.31	1.00	0.70	0.66	0.61	0.70	0.57	0.70	0.70	0.57
中德安联	0.31	0.70	1.00	0.66	0.61	0.78	0.57	0.78	0.78	0.57
工银安盛	0.31	0.66	0.66	1.00	0.61	0.66	0.57	0.66	0.66	0.57
长城寿	0.31	0.61	0.61	0.61	1.00	0.61	0.57	0.61	0.61	0.57

续表

	平安健康	建信寿	中德安联	工银安盛	长城寿	长生寿	交银康联	汇丰寿	人保健康	新光海航
长生寿	0.31	0.70	0.78	0.66	0.61	1.00	0.57	0.82	0.87	0.57
交银康联	0.31	0.57	0.57	0.57	0.57	0.57	1.00	0.57	0.57	0.90
汇丰寿	0.31	0.70	0.78	0.66	0.61	0.82	0.57	1.00	0.82	0.57
人保健康	0.31	0.70	0.78	0.66	0.61	0.87	0.57	0.82	1.00	0.57
新光海航	0.31	0.57	0.57	0.57	0.57	0.57	0.90	0.57	0.57	1.00

从表4-17可以看出，处于主对角线上的值都取1，显然各个公司和自己的相似与贴近程度为100%。

除了主对角线上的元素之外，此等价矩阵的取值介于0.90~0.31之间，说明这十家公司的风险管理能力和水平差异较大。

其中，风险管理能力排名第一的平安健康与其余九家公司的相似程度都是0.31，说明平安健康在风险管理能力各项指标上的表现与其他九家公司的可比性不强，相似程度很低。

在此矩阵中，新光海航与交银康联的相似程度最高，达到了0.90，说明这两家公司的风险管理能力最具有可比性，相似程度最高。

而新光海航与交银康联这两家公司与其余八家公司的相似程度都不高于0.57，不具有相似性和可比性。如果能够做进一步的实证分析，可能会得到一些有意思的结果。

人保健康与长生人寿的相似程度达到了0.87。在风险管理能力各项指标方面的表现，这两家公司也具有很高的相似性和可比性，值得做进一步的分析。

人保健康、长生人寿与汇丰人寿这三家公司之间的相似程度达到了0.82，也具有一定的相似性和可比性。这三家公司与其余七家公司的相似性介于0.78到0.31之间，相似性程度参差不齐。

其余公司之间的相似性都不高，说明尽管这些公司的风险管理能力都是前十名，但是各公司的风险管理能力和水平等差别还是很大。

六、2012年人身保险公司发展潜力排名与分析

数据预处理后，我们根据47家人身保险公司的9个二级指标数据，得到一个47×9数据矩阵；根据主成分分析方法，再对发展潜力方面的9个指标进行主成分分析，选取4个主成分，累计解释率为92.65%，每个主成分都是这9个二级指标的线性组合。

发展潜力指标的评价结果如表 4 – 18 所示。

表 4 – 18　　　　发展潜力的得分及排名

公司名称	排名	得分	公司名称	排名	得分
中邮人寿	1	100.00	信诚人寿	25	32.58
建信人寿	2	93.71	招商信诺	26	32.08
新华人寿	3	92.97	中意人寿	27	31.92
平安人寿	4	71.06	合众人寿	28	31.71
太平人寿	5	65.78	汇丰人寿	29	30.42
泰康人寿	6	58.43	英大人寿	30	30.11
太平洋人寿	7	57.74	中荷人寿	31	29.91
工银安盛	8	57.72	海康人寿	32	28.49
友邦人寿	9	54.92	恒安标准	33	27.45
生命人寿	10	51.37	长城人寿	34	27.22
天安人寿	11	51.01	中德安联	35	26.55
国寿股份	12	49.33	中新大东方	36	25.19
中宏人寿	13	44.54	华泰人寿	37	25.11
国华人寿	14	44.25	中航三星	38	24.30
百年人寿	15	43.31	人保寿险	39	24.28
交银康联	16	42.92	中英人寿	40	23.89
人保健康	17	40.88	国泰人寿	41	23.43
平安养老	18	39.30	君龙人寿	42	23.32
华夏人寿	19	38.32	平安健康	43	22.83
光大永明	20	37.80	北大方正人寿	44	22.49
太平养老	21	37.11	农银人寿	45	22.46
中美联泰	22	36.77	新光海航	46	22.28
民生人寿	23	35.74	长生人寿	47	20.00
阳光人寿	24	33.62			

从表 4 – 18 可以看出，人身保险市场上业务发展能力排名前三的依次是中邮人寿、建信人寿和新华人寿，得分分别为 100、93.71 和 92.97。

参评的 47 家人身保险公司的业务发展能力的最高分是中邮人寿（100 分），最低分是长生人寿（20 分）。

80 分以上的公司有 3 家，70 ~ 80 分之间的有 1 家，60 ~ 70 分之间的有 1 家，60 分以下的有 42 家。

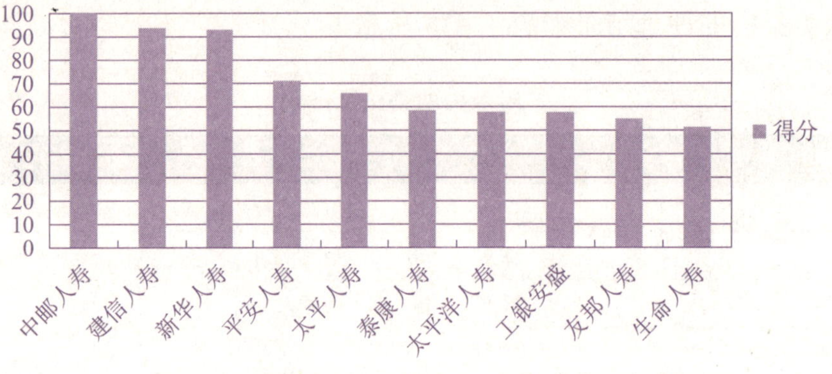

图 4－6　发展潜力排名前十的公司的得分比较

图 4－6 列明了发展潜力排名前十的公司，依次是中邮人寿、建信、新华、平安人寿、太平人寿、泰康人寿、太平洋人寿、工银安盛、友邦人寿和生命人寿。

其中，中邮人寿、建信和新华的得分明显高于其他 7 家公司，处于第一梯队。平安人寿和太平人寿的业务发展能力的得分差异不大，其他 5 家公司的得分均在 60 分以下。

（一）发展潜力排名前十的公司，其二级指标的得分与排名情况（表 4－19）

表 4－19　　发展潜力排名前十的公司，其二级指标的得分与排名

发展潜力	发展系数		总资产增长率		净资产增长率		资本金增长率		市场拓展能力		分支机构数目		人均产能		亿元保费投诉量		综合收益增长率	
公司名称	排名	得分	排名	得分	排名	得分	排名	得分	排名	得分	排名	得分	排名	得分	排名	得分	排名	得分
中邮	2	79.70	2	59.33	39	77.01	21	0	6	22.59	19	37.84	1	100	47	0.00	46	18.99
建信	4	67.72	1	100	1	100	1	100	26	3.38	30	24.32	2	24.36	46	0.41	5	57.11
新华	8	57.42	18	14.34	24	78.30	20	0.03	1	100	7	91.89	32	0.86	30	14.21	2	75.10
平安	1	100	23	11.91	15	79.06	22	0.00	8	11.44	3	94.59	5	7.78	30	14.21	18	42.63
太平	3	70.27	19	14.21	17	78.95	23	0.00	5	30.64	3	94.59	29	1.06	32	12.32	8	50.32
泰康	47	0.00	33	10.13	9	81.38	2	83.52	2	68.68	3	94.59	41	0.45	24	17.86	4	58.24
太平洋	26	40.94	24	11.50	18	78.91	21	0	3	38.77	1	100	10	5.35	34	11.77	6	54.58
工银安盛	6	58.84	4	56.71	6	83.76	6	27.05	27	3.31	24	32.43	16	3.01	33	11.77	26	40.56
友邦	18	42.47	30	10.58	10	80.65	13	11.78	9	10.17	38	13.51	36	0.70	42	7.31	1	100
生命	11	46.31	5	34.35	11	80.08	14	9.79	12	6.50	7	91.89	38	0.57	13	23.95	10	48.78

表 4－19 具体分析了发展潜力排名前十的寿险公司，这些公司二级指标的表现情况，基本可以代表人身险公司的整体发展情况。

表中的数据都是按照原始数据进行的标准化处理，没有进行指标的正向、逆向等处理，反映了各个公司在业界中的真实表现。在表 4 - 19 中，除了亿元保费投诉量外，其他各项指标都是正向指标，即取值越大越好。其中，发展系数指标反映了公司在 2012 年的保费收入市场份额增量在整个人身险业保费收入增量市场份额的占比情况。

中邮人寿在 47 家人身险公司中的发展潜力排名第一，反映了公司优秀的发展前景。中邮人寿在发展潜力上的优异表现，得益于公司在人均产能（排名第一，100 分）、发展系数（第二名，79.70 分）、总资产增长率（第二名，59.33 分）、市场拓展能力（第六名，22.59 分）方面的优秀表现。

尤其难能可贵的是，尽管中邮人寿的业务发展很快，但是其亿元保费投诉量在这 47 家参与评价的人身险公司中最低，反映了公司良好的管理能力和服务水平。

中邮人寿连续两年在发展潜力方面排名第一。

建信人寿在发展潜力上排名第二，主要是由于公司在发展潜力各项指标上的稳定且优秀的表现。建信人寿除了分支机构数目和市场拓展能力在 47 家公司中排名中游外，其他各项指标都在 5 名之内，其中总资产增长率、净资产增长率和资本金增长率排名第一。

建信人寿的亿元保费投诉量排名 46，仅次于中邮人寿。这说明这两家发展潜力排名前两位的公司的产品质量和服务管理水平也都很优秀。

新华人寿的发展潜力排名第三，主要是由于公司在市场拓展能力（排名第一，100 分）和综合收益增长率（第二名，75.10 分）上的优秀表现，尤其是市场拓展能力指标，排名第二的泰康人寿的得分仅是 68.68 分，处于比较明显的优势。此外该公司在发展系数（第八名）和分支机构数目（第七名）上的表现也不错。

平安人寿在发展潜力上排名第四，主要是在发展系数（排名第一，100 分）、分支机构数目和人均产能方面的突出表现。

太平人寿除了在亿元保费投诉量和人均产能上，不尽如人意外，在其他各项指标上的表现都不错，尤其是在发展系数（第三名，70.27 分）、分支机构数目（第三名，94.59 分）和综合收益增长率（第八名，50.32 分）方面的表现都不错。

泰康人寿发展潜力排名第六，主要是在发展系数上表现较差的缘故，在 47 家公司中表现最差，反映了公司在 2012 年的市场份额占比上的大幅倒退。

太平洋人寿、工银安盛、友邦人寿和生命人寿的发展潜力排名分别是第七、八、九、十名，它们在发展潜力各项指标方面的排名都比较稳定。

（二）发展潜力指标下，各个指标排名与得分前十的公司情况（表4－20）

表4－20　　发展潜力指标下，各个指标排名与得分前十的公司

二级指标排名	V－1 发展系数	V－2 总资产增长率	V－3 净资产增长率	V－4 资本金增长率	V－5 市场拓展能力	V－6 分支机构数目	V－7 人均产能	V－8 亿元保费投诉量	V－9 综合收益增长率
	公司名称（得分）	公司名称（得分）	公司名称（得分）	公司名称（得分）	公司名称（得分）	公司名称（得分）	公司名称（得分）	公司名称（得分）	公司名称（得分）
1	平安人寿（100）	建信人寿（100）	建信人寿（100）	建信人寿（100）	新华人寿（100）	太平洋（100）	中邮人寿（100）	中邮人寿（100）	友邦人寿（100）
2	中邮人寿（79.70）	中邮人寿（59.33）	交银康联（91.68）	泰康人寿（83.52）	泰康人寿（68.68）	国寿股份（97.30）	建信人寿（24.36）	建信人寿（99.59）	新华人寿（75.10）
3	太平人寿（70.27）	天安人寿（58.64）	国华人寿（87.60）	交银康联（71.17）	太平洋（38.77）	平安人寿（94.59）	天安人寿（19.16）	汇丰人寿（99.46）	中宏人寿（72.86）
4	建信人寿（67.72）	工银安盛（56.74）	人保健康（84.07）	农银人寿（37.04）	国寿股份（35.94）	太平人寿（94.59）	百年人寿（9.15）	天安人寿（97.97）	泰康人寿（58.24）
5	国寿股份（67.11）	生命人寿（34.35）	中航三星（83.86）	天安人寿（35.59）	太平人寿（30.64）	泰康人寿（94.59）	平安人寿（7.78）	人保寿险（94.05）	建信人寿（57.11）
6	工银安盛（58.84）	国华人寿（30.79）	工银安盛（83.76）	工银安盛（27.05）	中邮人寿（22.59）	平安养老（94.59）	国寿股份（7.28）	友邦人寿（92.69）	太平洋（54.58）
7	人保健康（57.93）	百年人寿（28.94）	民生人寿（81.87）	国华人寿（23.72）	招商信诺（14.77）	新华人寿（91.89）	中美联泰（6.77）	太平养老（92.02）	中意人寿（51.32）
8	新华人寿（57.42）	华夏人寿（27.03）	合众人寿（81.50）	合众人寿（21.66）	平安人寿（11.44）	生命人寿（91.89）	招商信诺（6.32）	中新大东方（91.75）	太平人寿（50.32）
9	百年人寿（49.43）	中航三星（26.02）	泰康人寿（81.38）	中航三星（21.35）	友邦人寿（10.17）	人保寿险（91.89）	中英人寿（6.11）	君龙人寿（91.75）	中荷人寿（49.48）
10	中美联泰（48.54）	交银康联（25.46）	友邦人寿（80.65）	民生人寿（17.79）	人保寿险（9.42）	合众人寿（70.27）	太平洋（5.35）	国泰人寿（91.75）	生命人寿（48.78）

表4－20列明了增长潜力指标下各二级指标排名前十的公司及得分，该表格主要是反映了保险公司在发展潜力上各二级指标的整体表现和分布情况。

从表4－20可以看出，各项指标排名前十的公司在亿元保费投诉量（从100分到91.75分）、净资产增长率（从100分到80.65分）和分支机构数目（从100分到70.27分）上的表现差距不明显。

各公司在发展系数（从100分到48.54分）上的表现反映了各个公司在2012

年市场份额占比上的差距还是较大的。

各公司在总资产增长率（从100分到25.46分）、资本金增长率（从100分到17.79分）、市场拓展能力（从100分到9.42分）、人均产能（从100分到5.35分）上的表现差距比较明显。尤其是在人均产能方面，第二名的建信人寿得分仅仅是24.36分，比第一名的中邮人寿低了75分多，反映了各公司在人均业绩效率上的巨大差别。

综合收益率指标整体反映了公司在2012年的综合收益的变化情况，友邦人寿排名第一，在前十家公司中，有4家是外资保险公司（友邦人寿第一名、第三名的中宏人寿、第七名的中意人寿和第九名的中荷人寿），6家是中资保险公司，基本上中外资公司平分秋色。

（三）发展潜力的模糊聚类分析

聚类分析是数理统计中的一种多元分析方法，它是用数学方法定量地确定研究对象的亲疏关系，从而客观地划分类型和度量研究对象之间的相似程度。事物之间的界限，有些是确切的，有些则是模糊的。当聚类涉及事物之间的模糊界限时，需运用模糊聚类分析方法。

本文试图根据保险公司在这些指标上的指标得分，运用模糊聚类方法分析各公司之间发展潜力的相似程度，为各公司之间的发展潜力比较提供一个新的方法和视角；同时，模糊聚类分析是一种基于“物以类聚、人以群分”的观念进行各公司之间经营结构上近似程度的比较分析，不是优劣评价（见表4－21）。

表4－21　发展潜力排名前10的公司的模糊聚类等价矩阵

	中邮寿	建信寿	新华寿	平安寿	太平寿	泰康寿	太保寿	工银安盛	友邦寿	生命寿
中邮寿	1.00	0.33	0.33	0.33	0,33	0.33	0.33	0.33	0.33	0.33
建信寿	0.33	1.00	0.41	0.41	0.41	0.41	0.41	0.41	0.37	0.41
新华寿	0.33	0.41	1.00	0.68	0.68	0.63	0.68	0.49	0.37	0.63
平安寿	0.33	0.41	0.68	1.00	0.77	0.63	0.77	0.49	0.37	0.63
太平寿	0.33	0.41	0.68	0.77	1.00	0.63	0.82	0.49	0.37	0.63
泰康寿	0.33	0.41	0.63	0.63	0.63	1.00	0.63	0.49	0.37	0.63
太保寿	0.33	0.41	0.68	0.77	0.82	0.63	1.00	0.49	0.37	0.63
工银安盛	0.33	0.41	0.49	0.49	0.49	0.49	0.49	1.00	0.37	0.49
友邦寿	0.33	0.37	0.37	0.37	0.37	0.37	0.37	0.37	1.00	0.37
生命寿	0.33	0.41	0.63	0.63	0.63	0.63	0.63	0.49	0.37	1.00

从表4－21可以看出，处于主对角线上的值都取1，显然各个公司和自己的相似与贴近程度为100%。

此模糊聚类等价矩阵里的分值偏低、差距较大，介于0.33～0.82之间，说明在发展潜力指标上，各个公司的相似程度不高，可比性较差；尤其是处于发展潜力排名第一和第二名的中邮人寿和建信人寿，这两家公司的近似程度仅为0.33，相似程度偏低；而它们两家与其余八家公司的相似程度得分都是介于0.3～0.41分之间，说明其他八家公司和这两家公司在发展潜力的模式、观念上差别较大，在各项指标得分上近似很低，可比性和借鉴性不高。

此模糊聚类等价矩阵里的分值最高的太平人寿与太平洋人寿之间的0.82分；此外太平人寿、太平洋人寿和平安人寿之间的相似程度也达到了0.77分，也具有一定的相似性和可比性。

其余5家公司在发展潜力各项指标上的相似性与可比性都不高。

第三节　2012年人身保险公司综合竞争力评价结果的稳健性检验

一、稳健性分析的必要性

在对保险公司的竞争力评价研究中，需要对反映事物的多个变量进行大量的观测，收集大量数据以便进行分析寻找规律。多变量大样本无疑会为科学研究提供丰富的信息，但也带来了数据处理和分析的复杂性。主成分分析方法的降维特点使其在处理大量信息时显示其优越性，主成分分析法给出了全面衡量保险公司竞争力的一种渠道，然而正是基于其处理信息的大量性和评价结果的敏感性，其稳健性才显得愈发的重要。

同时，保险公司在现实的经营中有其自身的发展轨道和趋势，也拥有其自身在市场中地位的连续性即稳健性。市场微小波动，如某个小规模公司进入或者退出市场，对于其他在市场中已经拥有规模优势及占据大量市场的公司来说其相对位置冲击应该不大。如果市场微小波动，导致所有公司排名发生颠覆性变化，那么这个结果就有悖于市场和现实，就失去了其指导现实的客观性；主成分法基于选择代表保险公司竞争力特征的指标来为保险公司“打分”，如果某个指标的微小波动就导致保险公司竞争力排名的剧烈波动，那么主成分分析法也是不稳健的。我们假设这样一个市场，仅仅由于某个保险公司增开了一家分支机构，该公司本身甚至整个行业的竞争力都发生重大变化，那么这种情况在现实中也是不可能存在的，所以稳健性分析对于方法的适用性很重要。

稳健性分析对于运用定量分析方法研究保险公司的竞争力评价非常重要，这也是我们课题组的一个创新性应用研究成果。

二、稳健性的定义与步骤

稳健性检验的是实证结果是否随着参数设定的改变而发生变化，如果改变参数设定以后，发现结果的顺序等没有发生显著性改变，就说明结果是稳健的；相反，如果结果发生了显著性改变，说明结果不是稳健的，需要寻找问题的所在。

一般根据问题的具体情况选择稳健性检验，我们将从以下两个方面进行稳健性检验：

（1）从公司角度出发，根据一定的标准去掉部分公司后，检验剩余公司的评价结果是否与原来一致；

（2）从指标角度出发，根据一定的标准去掉部分指标后，重新进行竞争力评价，检验保险公司的评价结果是否一致。

三、2012 年人身险公司综合竞争力评价结果的稳健性检验

主要基于两种思路进行人身险公司的稳健性检验。

一是剔除部分公司进行稳健性检验。首先利用聚类分析，将保险公司分为两类；在排除掉一类公司（公司数目较少的一类）后，对另一类公司仍然运用主成分分析，进行竞争力评价的排名和得分，与这些公司在原来情况下的排名进行比较分析，从而得到保险公司竞争力评价结果的稳健性检验。

二是剔除部分指标进行稳健性检验。利用聚类分析方法对评价指标进行分类，并剔除掉指标较少的类别后，运用余下的指标对保险公司竞争力进行主成分分析，得到的排名与原来的排名进行对比，从而完成稳健性分析。

（一）剔除部分公司后，保险公司竞争力评价的稳健性分析

为了便于剔除公司和提高稳健性分析结果的有效性，首先运用聚类分析方法将 47 家人身险公司分类。根据前述方法，结果如图 4 –7、表 4 –22 所示。

由表 4 –22 看出，在类别越多，每个类别内的距离最近，则类内的相似度最近。但是在此为了保证信息的充足性，增强可比性，将 47 家公司其分为四类，由表 4 –22 得到，属于类别 1 的公司有 44 家，占总体 47 家的 93.6% 以上，类别 2 的公司有 1 家，是平安健康；中邮人寿是第三类；天安人寿是第四类。

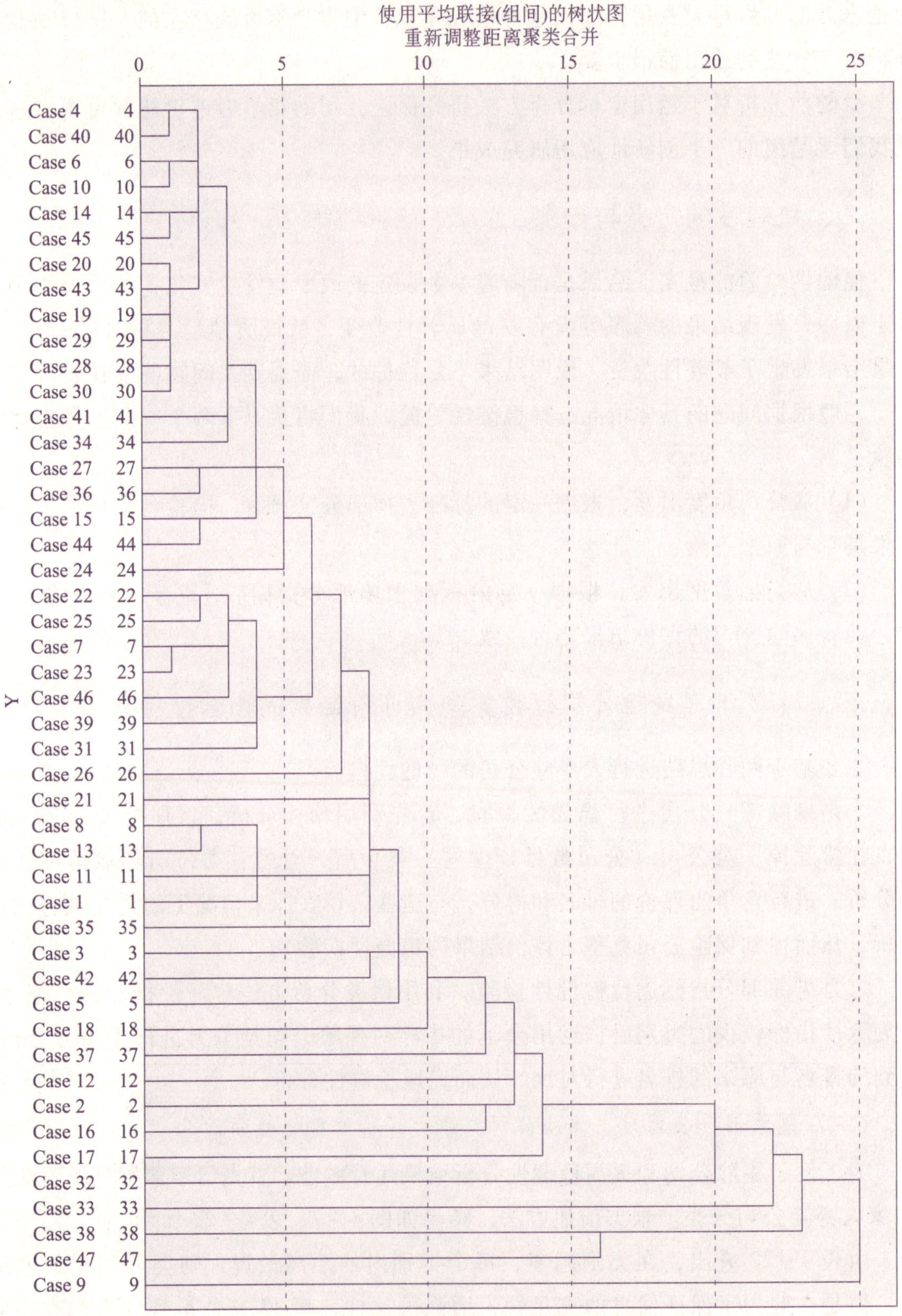

图 4－7　基于公司聚类分析的树状图

表 4 - 22　　人身险公司在聚类分析下分为四类结果

公司	平安人寿	长城人寿	工银安盛	光大永明	交银康联	民生人寿	君龙人寿	太保寿
类别	1	1	1	1	1	1	1	1
公司	平安健康	生命人寿	太平人寿	泰康人寿	新华人寿	信诚人寿	友邦人寿	中德安联
类别	2	1	1	1	1	1	1	1
公司	国寿股份	中航三星	中意人寿	中英人寿	百年人寿	北大方正	长生人寿	国华人寿
类别	1	1	1	1	1	1	1	1
公司	国泰人寿	海康人寿	合众人寿	恒安标准	华泰人寿	华夏人寿	汇丰人寿	建信人寿
类别	1	1	1	1	1	1	1	2
公司	农银人寿	平安养老	人保健康	人保寿险	太平养老	天安人寿	新光海航	阳光人寿
类别	1	1	1	1	1	4	2	2
公司	英大人寿	招商信诺	中荷人寿	中宏人寿	中美联泰	中新大东方	中邮人寿	
类别	1	1	1	1	1	1	3	

所以在剔除下面删除平安健康，天安人寿，中邮人寿三家后进行稳健性分析；对类别 1 中的 44 个成员利用主成分分析法进行竞争力评价，结果如表 4 - 23 所示。

表 4 - 23　　人身险公司剔除公司前后排名对比

公司	原始排名	新排名	公司	原始排名	新排名
国寿股份	1	3	中意人寿	23	25
泰康人寿	2	9	海康人寿	24	7
太平人寿	3	6	中荷人寿	25	16
新华人寿	4	5	工银安盛	26	33
平安人寿	5	2	中德安联	27	22
太平洋人寿	6	4	华夏人寿	28	26
人保寿险	7	11	中英人寿	29	24
生命人寿	8	10	恒安标准	30	29
平安养老	9	17	百年人寿	31	32
人保健康	10	23	英大人寿	32	31
招商信诺	11	18	华泰人寿	33	28
太平养老	12	37	国泰人寿	34	35
友邦人	13	14	光大永明	35	30
阳光人寿	14	27	中新大东方	36	36
长城人寿	15	1	北大方正	37	38
国华人寿	16	12	汇丰人寿	38	43
建信人寿	17	8	君龙人寿	39	42
中美联泰	18	15	新光海航	40	40
信诚人寿	19	21	长生人寿	41	41
中宏人寿	20	20	交银康联	42	39
民生人寿	21	13	中航三星	43	34
合众人寿	22	19	农银人寿	44	44

在表4-23中，原始排名是指删除掉三家公司后，按照原来的顺序重新进行计算的排名；新排名是指删除三家公司后，重新运用主成分分析方法，对剩余的44家公司进行竞争力评价得到的排名。

根据表4-23的结果，运用Wilcoxon符号秩检验，进行稳健性分析，主要结论如表4-24和表4-25所示。

表4-24 **Wilcoxon带符号秩检验**

秩

		N	秩均值	秩和
VAR00002—VAR00001	负秩	19[a]	21.89	416.00
	正秩	20[b]	18.20	364.00
	结	5[c]		
	总数	44		

a. VAR00002 < VAR00001。

b. VAR00002 > VAR00001。

c. VAR00002 = VAR00001。

表4-25 **检验统计结果**

检验统计量[a]

	VAR00002—VAR00001
Z	-.364[b]
渐近显著性（双侧）	.716
精确显著性（双侧）	.722
精确显著性（单侧）	.361
点概率	.003

a. Wilcoxon带符号秩检验。

b. 基于正秩。

表4-24和表4-25的结果表明，使用“精确”方法计算的双侧显著性水平为0.722，大于0.05，所以认为对类别1中的公司进行主成分分析方法排名与没有删除公司后进行排名的结果差异不显著，也就是说，两个样本来自于同一总体，具有相同的总体分布。则主成分分析法在0.05的显著性水平下具有稳健性。即我们根据聚类分析的结果，剔除掉部分公司后，根据我们建立的指标体系，运用主成分分析方法对其余公司竞争力的评价结果的影响不显著，通过了稳健性检验。

（二）剔除部分指标后，保险公司竞争力评价的稳健性分析

指标体系应该尽可能地反映保险公司竞争力各方面的信息，显然少部分指标的缺失或波动对保险公司竞争力的评价结果有影响。此部分通过剔除部分指标后，对保险公司竞争力的评价结果进行稳健性检验。

首先利用聚类分析将所有指标进行分类。

分成两类时，第 27 项指标报告期营业收入在一类，其他一类。

分成三类，27 报告期营业收入一类，9 净利润一类，其他一类。

分成四类，27 报告期营业收入一类，9 净利润一类，44 人均产能一类，其他一类。

其树状图如图 4－8 所示。

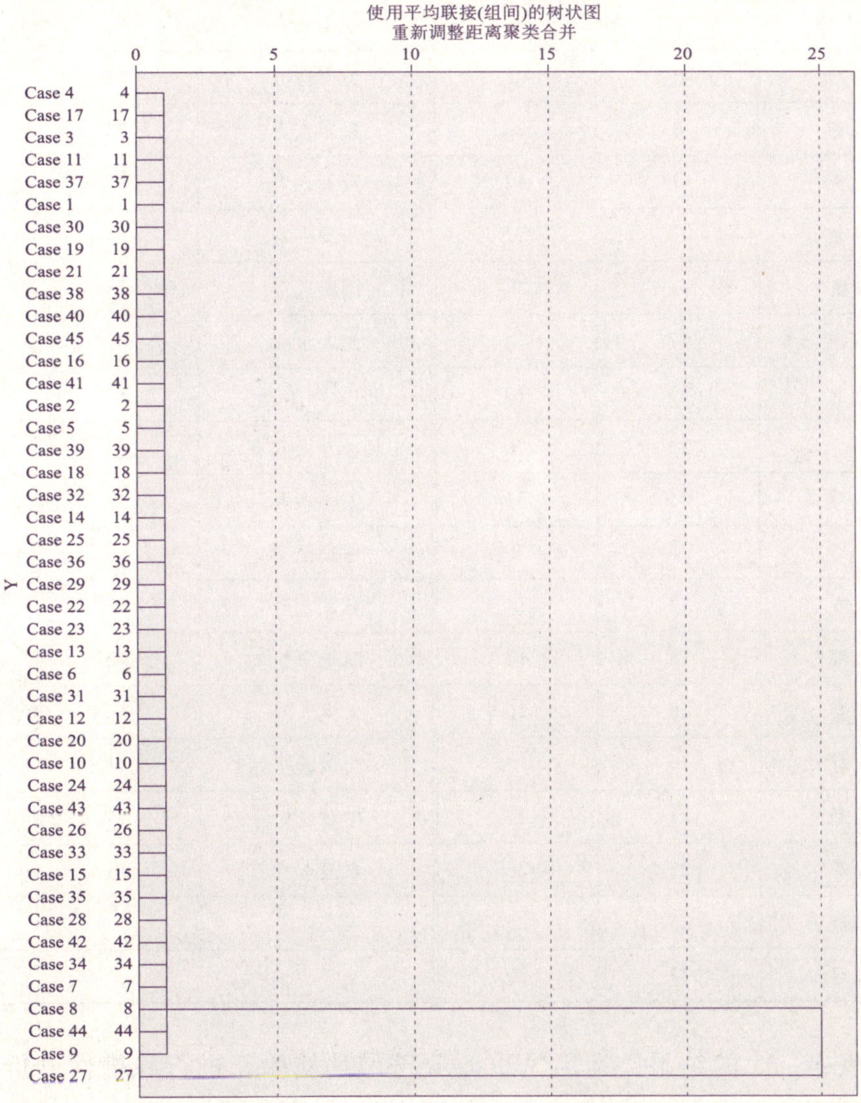

图 4－8 指标聚类分析的树状图

删除报告期营业收入、净利润和人均产能三个指标后，运用主成分分析法，得到的保险公司竞争力排名结果如表4－26所示。

表4－26　剔除三个指标后，人身险公司的竞争力评价结论

公司名称	原始排名	新排名	公司名称	原始排名	新排名
国寿股份	1	24	海康人寿	25	15
泰康人寿	2	1	中荷人寿	26	28
太平人寿	3	3	工银安盛	27	21
新华人寿	4	4	中德安联	28	6
平安人寿	5	10	华夏人寿	29	27
太平洋人寿	6	5	中英人寿	30	31
人保寿险	7	8	恒安标准	31	30
中邮人寿	8	23	百年人寿	32	33
生命人寿	9	12	英大人寿	33	29
平安养老	10	22	华泰人寿	34	32
人保健康	11	7	国泰人寿	35	35
招商信诺	12	11	光大永明	36	36
太平养老	13	19	中新大东方	37	39
友邦人	14	9	北大方正人寿	38	38
阳光人寿	15	34	汇丰人寿	39	40
长城人寿	16	2	平安健康	40	45
国华人寿	17	14	君龙人寿	41	44
建信人寿	18	13	新光海航	42	43
中美联泰	19	16	长生人寿	43	46
信诚人寿	20	18	交银康联	44	42
中宏人寿	21	17	中航三星	45	41
民生人寿	22	26	农银人寿	46	37
合众人寿	23	25	天安人寿	47	47
中意人寿	24	20			

根据表4－25的结果，运用Wilcoxon符号秩检验，进行稳健性分析，主要结论如表4－27和表4－28所示。

表 4－27　指标的 Wilcoxon 带符号秩检验

秩

		N	秩均值	秩和
VAR00002—VAR00001	负秩	22[a]	21.36	470.00
	正秩	19[b]	20.58	391.00
	结	6[c]		
	总数	47		

a. VAR00002 < VAR00001。

b. VAR00002 > VAR00001。

c. VAR00002 = VAR00001。

表 4－28　人身险公司指标稳健性的非参数检验

检验统计量[a]

	VAR00002—VAR00001
Z	－.513[b]
渐近显著性（双侧）	.608
精确显著性（双侧）	.614
精确显著性（单侧）	.307
点概率	.002

a. Wilcoxon 带符号秩检验。

b. 基于正秩。

表 4－27 列出了统计检验结果。结果显示，使用“精确”方法计算的双侧显著性水平为 0.614，大于 0.05，所以认为剔除部分指标后，运用类别 1 中的指标进行竞争力评价与没有剔除这些指标下的评价结果差异不显著。也就是说，两个样本来自于同一总体，具有相同的总体分布，即认为主成分分析法对于指标的变化具有统计上的稳健性，通过了稳健性检验。

（三）结论及建议

由以上一系列的分析可知，利用主成分分析方法进行保险公司竞争力评价研究时，剔除少部分公司或者指标后，对于保险公司竞争力的最后结果影响有限，即评价结果统计上的稳健性。

但是，从评价结果看，通过聚类分析方法，剔除少部分公司的评价结果比剔除少部分指标的评价结果更具有稳健性。这在一定程度上说明，部分公司的进入或者退出对最后结果的影响没有指标的选择对评价结果的影响大，所以选择比较客观、全面和科学的指标，对于保险公司竞争力的评价结果尤为关键；同时，从得到的个别结果来看，某些公司的排名波动较大，可以考虑在对公司进行最终的排名前能设计一种过滤方法，将对主成分排名法最终排名结果影响较大的因子予以剔除，或者运用最优化方法选择使得最终竞争力排名的结果波动最小的因子（这与主成分分析方法中，寻找方差占比最大的综合因子并不矛盾，因为他们所指的对象并不一样）。而这些因子从理论上说最能够代表保险公司竞争力的本质，但是这是一个不断探索和优化的过程，甚至需要对其选择标准进行数理化的设定，有待进一步的研究。

第五章
中国财产保险公司竞争力评价分析

研究说明：同中国人身险公司竞争力评价研究一样，我们始终坚持公开、客观和科学的原则，即研究方法、评价指标、数据来源等坚持公开、客观和科学的原则；我们坚持评价过程和目标要客观有效，避免或者尽量减少人为主观因素的干扰。

一、信息来源说明

保险公司竞争力评价研究的数据主要来源于各个保险公司的年度信息披露报告，少部分指标来源于历年的中国保险年鉴和保监会、保险学会、保险行业协会以及各公司自己的网站信息，即全部数据都是来源于公开渠道。

2012 年度保险公司信息披露报告主要包括以下 5 个方面的内容：

- 公司简介；
- 年度财务报告及其附注；
- 风险管理状况；
- 产品信息；
- 偿付能力信息。

二、研究对象

本研究分析主要从资产负债表、利润表、现金流量表、产品信息表和偿付能力信息等报表获取数据进行研究。

截至 2012 年底，全国共有财产险公司 62 家，其中中资公司 41 家，较 2011 年增加了华信财产、鑫安汽车两家公司；外资公司 21 家，数目与上年没有变化。

在这 62 家财产险公司中：截止到 2013 年 5 月底，我们没有搜集到出口信用的年度信息披露报告，不予评价；众诚财险、锦泰财产、诚泰财产、长江财产这 4 家是2011年新成立的公司；华信财产、鑫安汽车是2012年刚成立的公司；泰山财险成立于2010年12月31日；以上8家公司不予进行保险公司竞争力评价。

此外，劳合社、安邦财险、天安保险、丘博保险、都邦财险、中航安盟、信利保险这7家公司的年度信息披露报告或者数据不完整，或者个别数据指标异常、不具有可持续性等，不予进行竞争力评价。

上述公司如果有任何问题、建议或者意见，请与课题组联系。

最后课题组共对47家财产保险公司进行竞争力评价。

三、特别说明

1. 本研究尽量采用可获得的披露数据进行分析，并根据实质重于形式的原则，对发现个别公司披露数据存在错误或异样的年报信息进行调整，或者在涉及该指标时进行批注说明。

2. 本研究分析采用的数据皆来源于已公开的资料或课题组成员的个人分析，但我们不保证上述信息的完整性和准确性，中国精算研究院不为使用本报告而产生的一切后果承担责任，只以此作为学术研究以及学界和业界的信息交流与参考。同时本研究分析为课题组成员的个人观点，并不代表中国精算研究院的观点。有关问题的来源、讨论或争议，请使用电话或电子邮件的方式与我方联系。

第一节　财产险公司竞争力指标体系

一、评价指标体系说明

目前国内外还没有一个比较明确的、被广泛接受的“保险公司竞争力”的定义。我们综合国内外相关研究，结合自己的经验和理解，给出保险公司竞争力的定义：保险公司竞争力是保险公司根据行业和自身特点，在市场经济环境中，综合运用其各种人力、物力、财力等资源，获得相对于竞争对手所表现出来的更强的生存能力、创新能力和持续发展能力的总和，是公司综合能力的体现。同时竞争力也是一个相对概念，强调的是保险行业内竞争者之间的比较。

我们进行的保险公司竞争力评价研究是以保险公司为出发点和落脚点，建立保险公司的赢利能力、资本管理能力、经营能力、风险管理能力和发展潜力5个一级指标，来反映保险公司竞争力的不同方面。我们首先在每个一级指标下建立个数不等的二级指标，共有50个二级指标；然后通过对二级指标定量分析得到保险公司一级指标的评价结果；最后对全部二级指标进行定量分析，得到保险公司竞争力的综合评价结果。

二、指标体系构建

具体指标体系如下：

Ⅰ. 赢利能力指标。

赢利能力指标共有10个二级指标，包括7个比率分析指标和3个规模性指标。

Ⅰ-1. 总资产收益率：

总资产收益率 = 报告期净利润 ÷ [（期初总资产 + 期末总资产）÷2] ×100%

Ⅰ-2. 净资产收益率：

净资产收益率 = 净利润 ÷ 平均净资产 ×100%

Ⅰ-3. 投资收益率：

投资收益率 = 投资收益总额 ÷ 平均投资资产 ×100%

Ⅰ-4. 承保利润率：

承保利润率 = 承保利润 ÷ 已赚保费 ×100%

Ⅰ-5. 投资资产占总资产比率：

投资资产占总资产比率 = 平均投资资产 ÷ 平均总资产 ×100%

Ⅰ-6. 净投资收益率：

净投资收益率 =（投资收益 + 其他业务收入）÷ 平均投资资产

Ⅰ-7 净利润增长率：

净利润增长率 = 本年净利润/上一年净利润

Ⅰ-8. 人均综合收益：

人均综合收益 = 综合收益/公司职工人数

Ⅰ-9. 人均利润：

人均利润 = 利润总额/公司职工人数

Ⅰ-10. 净利润。

Ⅱ. 资本管理能力。

资本管理能力包含8个二级指标，全部是比率分析指标。

Ⅱ-1. 资本管理系数（设定为120%～150%时，资本管理能力最强）：

偿付能力充足率(x) = 实际资本 ÷ 最低资本，根据偿付能力充足率确定资本管理系数

$$资本管理系数=\begin{cases}\dfrac{x-120\%+40\%}{40\%}, & 80\%\leqslant x\leqslant 120\% \\ 1, & 120\%<x\leqslant 150\% \\ \dfrac{150\%+2\ 000\%-x}{2\ 000\%}, & 150\%<x\leqslant 150\%+2\ 000\% \\ 0, & 其他\end{cases}$$

Ⅱ-2. 认可资产负债率：

认可资产负债率=认可负债÷认可资产×100%

Ⅱ-3. 资产认可率：

资产认可率=认可资产÷总资产×100%

Ⅱ-4 认可资产增长率：

认可资产增长率=(期末认可资产-期初认可资产)÷期初认可资产

Ⅱ-5. 资本利用率：

资本利用率=保险业务收入÷所有者权益×100%

Ⅱ-6. 资金成本率：

资金成本率=1-综合成本率

Ⅱ-7. 杠杆系数：

杠杆系数=自留保费÷(资本金+资本公积+盈余公积)×100%

Ⅱ-8. 资金运用效率：

资金运用效率=可运用资金净收益率÷一年期存款利率(取3%)×100%

Ⅲ. 经营能力指标。

经营能力由以下11个指标构成，包括10个比率指标和1个规模性指标。

Ⅲ-1. 净资产周转率：

净资产周转=[报告期营业收入合计÷(期初股东权益+期末股东权益)÷2]×100%

Ⅲ-2. 总资产周转率：

总资产周转率=[报告期营业收入合计÷(期初总资产+期末总资产)÷2]×100%

Ⅲ-3. 综合赔付率：

综合赔付率=(赔付支出-摊回赔付支出+提取未决赔款准备金-摊回未决赔款准备金)÷已赚保费×100%

Ⅲ-4. 综合费用率：

综合费用率 =（业务及管理费 + 手续费及佣金 + 分保费用 + 保险业务营业税金及附加 − 摊回分保费用）÷ 已赚保费 ×100%

Ⅲ −5. 综合成本率：

综合成本率 = 综合费用率 + 综合赔付率

Ⅲ −6. 综合成本率的变化率：

综合成本率的变化率 =（期末综合成本率 − 期初综合成本率）÷ 期初综合成本率

Ⅲ −7. 手续费及佣金比率：

手续费及佣金比率 = 手续费及佣金 ÷ 原保费收入 ×100%

Ⅲ −8. 险种集中度系数：

$$险种集中度系数 = \sum_{i=1}^{5}(前\,i\,种产品的各自保费收入)^2 \div (前五种产品保费总收入)^2$$

Ⅲ −9. 资产增量保费比：

资产增量保费比 = [（期末总资产 − 期初总资产）÷ 报告期保险业务收入] ×100%

Ⅲ −10. 报告期营业收入。

Ⅲ −11. 营业收入增长率：

营业收入增长率 = [（当年营业收入 − 上一年营业收入）÷ 上一年营业收入）] ×100%

Ⅳ. 风险管理能力指标。

风险管理能力由 10 个比率分析指标和 1 个规模性指标构成。

Ⅳ −1. 偿付能力充足率：

偿付能力充足率 = 实际资本 ÷ 最低资本 ×100%

Ⅳ −2. 流动性比率：

流动性比率 = 流动性资产余额 ÷ 流动性负债余额 ×100%

Ⅳ −3. 融资比例：

融资比例 = {卖出回购证券 +（期末股本 − 期初股本）} ÷（股本 + 资本公积 + 盈余公积）×100%

Ⅳ −4. 自留比率：

自留比率 = 自留保费 ÷ 保险业务收入 ×100%；

Ⅳ −5. 单位保费保额：

单位保费保额＝前五种险种的保险金额总额与前五种险种的保费收入总额的商的加权平均

Ⅳ－6. 未决赔款准备金充足率：

未决赔款准备金充足率＝（两年未决赔款准备金－两年应收分保未决赔款准备金）的均值÷两年赔付支出的均值

Ⅳ－7. 自留保费占净资产的比率（肯尼系数）：

自留保费占净资产的比率＝自留保费÷（期初所有者权益＋期末所有者权益）的均值

Ⅳ－8. 自留保费增长率：

自留保费增长率＝（公司本年自留保费－公司上一年自留保费）÷公司上一年自留保费

Ⅳ－9. 应收保费率：

应收保费率＝应收保费÷原保费收入×100%

Ⅳ－10. 保险负债占总资产比：

保险负债占总资产比＝保险负债÷总资产

Ⅳ－11. 现金盈余保障倍数：

现金盈余保障倍数＝经营活动净现金流÷净利润

Ⅴ. 发展潜力。

发展潜力由以下8个比率分析指标和两个数值指标构成。

Ⅴ－1. 发展系数：

发展系数＝公司保费收入增量市场份额÷人身险市场保费收入增量份额×100%

Ⅴ－2. 保险业务收入增长率：

保险业务收入增长率＝（期末保险业务收入－期初保险业务收入）÷期初保险业务收入×100%

Ⅴ－3. 总资产增长率：

总资产增长率＝（期末总资产－期初总资产）÷期初总资产×100%

Ⅴ－4. 净资产增长率：

净资产增长率＝（期末所有者权益－期初所有者权益）÷期初所有者权益×100%

Ⅴ－5. 资本金增长率：

资本金增长率＝（期末资本金－期初资本金）÷期初资本金×100%

Ⅴ－6. 市场拓展能力：

市场拓展能力＝公司原保费收入÷实收资本×100%

Ⅴ－7. 人均产能：

人均产能＝保险业务收入/公司职工人数

Ⅴ－8. 承保潜力：

承保潜力＝4－自留保费/（实收资本＋资本公积＋盈余公积）

Ⅴ－9. 亿元保费投诉量：

来自于中国保险监督管理委员会消费者保护局公布的数据。

Ⅴ－10. 分支机构数目：

分支机构数目指在省级和经济单列市设立的分公司数目。

第二节　2012年财产险公司竞争力排名与分析

为了保证对保险公司竞争力评价的客观性和科学性，首先根据指标的正向和逆向，进行数据的预处理、统一，使处理后的全部指标数据为正向，即其数据愈大愈好；其次，指标数据中有些是比率指标，有些是数值指标，为了避免“以大欺小”以及指标单位对评价结果的影响，我们对全部数据进行归一化处理，即全部指标数据都在0～1间取值；最后在运用主成分分析方法进行综合竞争力评价时，我们是对全部50个二级指标数据进行分析处理，因此，二级指标与一级指标的隶属关系不影响对综合竞争力的评价结果。

一、2012年财产保险公司综合竞争力的得分与排名

数据预处理后，我们根据47家财产保险公司的50个二级指标数据。根据得到的47×50数据矩阵，运用主成分分析方法，我们共选取了12个主成分，其累计解释率为86.74%，其中每个主成分都是这50个二级指标的线性组合，如图5－1所示。

根据我们的研究结果，由成分得分系数矩阵，这12个主成分的含义如下：

第一个主成分中，权重比较大的几个指标及其方差贡献率分别是：资金成本率（0.889）、综合成本率（0.889）和综合赔付率（0.696），它们主要反映了保险公司的经营管理能力和经营成本对竞争力的影响。

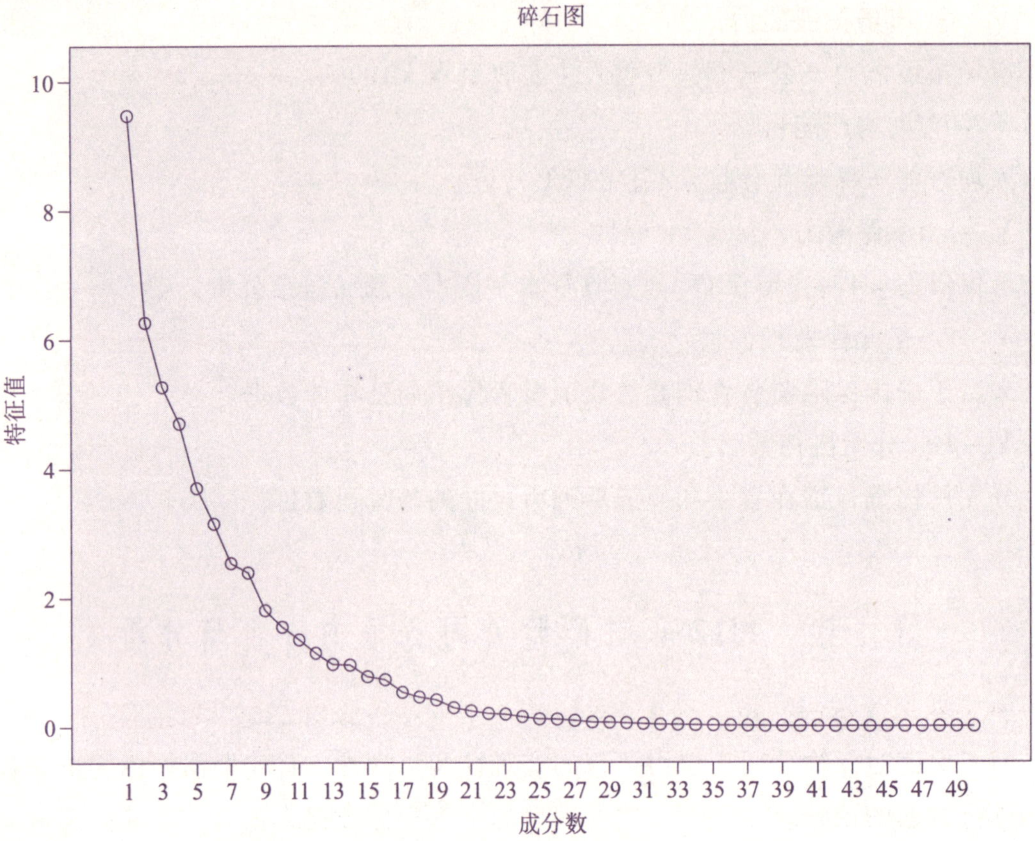

图 5－1　财产保险公司综合竞争力分析的碎石图

第二个主成分中，权重比较大的几个指标及其方差贡献率分别是：净资产收益率（0.957）、资本利用率（0.995）、自留保费占净资产比（0.988）和资本金增长率（－0.938），这主要反映了资产管理能力和水平对保险公司竞争力的影响；

第三个主成分中，权重比较大的几个指标及其方差贡献率分别是：总资产周转率（0.745）、应收保费率（－0.846）、未决赔款准备金充足率（－0.830），这主要反映了公司的准备金充足率与公司承包能力与水平对保险公司竞争力的影响。应收保费率和未决赔款准备金充足率这两个指标都取负值说明，这两个指标取值越大，对公司竞争力会产生一定的负面影响。

第四个主成分中，权重比较大的两个指标及其方差贡献率分别是：营业收入增长率（0.908）、保险业务收入增长率（0.895），显然，这个主成分反映了公司的营业和业务收入的增长速度对保险公司竞争力的影响。

第五个主成分中，权重比较大的几个指标及其方差贡献率分别是：净利润（0.961）、发展系数（0.955），反映了公司的净利润与市场份额的变化对保险公司竞争力的影响。

第六个主成分中，权重比较大的几个指标及其方差贡献率分别是：认可资产负债率（0.919）、资本管理系数（0.850）和保险负债占总资产比（-0.779），主要反映了公司的资本管理水平对保险公司竞争力的影响。

第七个主成分中，权重最大的指标及其方差贡献率分别是：认可资产增长率（0.898）、总资产增长率（0.898）、资产增量保费比（0.854），反映了公司的资产增长速度和质量对保险公司竞争力的影响。

第八个主成分中，权重最大的指标及其方差贡献率分别是：投资收益率（0.935）、净投资收益率（0.901）、资金运用效率（0.902），主要反映了公司的资金运用与投资收益水平对保险公司竞争力的影响。

第九个主成分中，权重最大的指标及其方差贡献率分别是：人均综合收益（0.767）、净利润增长率（0.682）、人均利润（0.766），这主要反映了公司的人均绩效与人力资源水平对保险公司竞争力的影响。

第十个主成分中，权重最大的指标及其方差贡献率分别是：手续费及佣金比率（0.511）、承保潜力（-0.673）和市场拓展能力（0.623），这主要反映了手续费及佣金对保险公司竞争力的影响。根据研究结果，承保潜力越大，就会对保险公司的竞争力产生负面影响。

第十一个主成分中，权重最大的指标及其方差贡献率分别是：现金盈余保障倍数（0.889）、自留比率（0.515），这主要反映了报告期净利润中现金收益的保障程度对保险公司竞争力的影响。

第十二个主成分中，权重最大的指标及其方差贡献率分别是：综合成本率变化率（0.443），这主要公司的经营管理水平对保险公司竞争力的影响。

选取这 12 个主成分后，各保险公司综合竞争力的评价结果与排名如表 5-1 所示。

表 5-1　　中国财产保险公司竞争力综合评价得分与排名

公司名称	排名	得分	公司名称	排名	得分
人保财险	1	100.00	国寿财险	6	88.81
华泰财险	2	97.26	国元农业	7	88.23
阳光农业	3	92.71	信达财险	8	87.09
平安财险	4	89.53	阳光财险	9	85.31
英大财险	5	89.28	太平产险	10	82.76

续表

公司名称	排名	得分	公司名称	排名	得分
太保财险	11	80.57	美亚财险	30	56.74
长安责任	12	80.37	安诚财险	31	56.41
紫金财险	13	80.34	鼎和财险	32	56.05
天平车险	14	77.78	大众财险	33	55.89
渤海财险	15	77.56	三井住友	34	55.64
富邦财险	16	77.41	东京海上	35	55.13
大地保险	17	76.21	中意财险	36	54.74
民安财险	18	74.39	利宝保险	37	52.66
华农财险	19	73.23	乐爱金	38	49.44
永诚财险	20	73.20	日本财产	39	47.83
中银保险	21	72.65	三星	40	45.66
安华农险	22	70.01	苏黎世	41	39.47
浙商财险	23	68.82	太阳联合	42	37.05
现代财险	24	67.42	中华联合	43	33.49
永安财险	25	67.20	日本兴亚	44	31.04
华安财险	26	66.80	国泰财险	45	25.97
安信农业	27	59.61	安联保险	46	23.97
丰泰财险	28	59.12	爱和谊	47	20.00
中煤财险	29	58.11			

结论与分析：

在去年研究的基础上，我们中国保险业的发展，修改和完善了财产保险公司竞争力评价指标体系，并进一步明确了当前中国财产保险公司行业发展与保险市场建设以及保险公司应关注的关键指标。根据保险公司竞争力的定义和相应的评价指标体系，运用主成分分析方法对中国财产保险公司的竞争力进行了评价分析。通过研究表明，尽管国际经济金融危机对中国保险业的发展产生了一定的影响，但是课题组的研究表明，中国财产保险公司在注重规模的同时开始注重效益，并且中资保险公司的竞争力普遍高于外资保险公司。主要结论如下：

1. 赢利能力方面：2012 年以承保为利润主要来源的财险业取得了不菲的业绩，财产保险公司的赢利能力普遍提高。赢利能力竞争力排名前 10 位的公司中，全部为中资保险公司，说明中资保险公司的赢利能力比外资保险公司占有一定的优势；

此外，赢利能力竞争力排名前10位的公司中，有两家是政策性农业保险公司（分别是第八名阳光农业和第九名国元农业），在只有4家政策性农业保险公司的情况下，可以说我国的农业保险公司和农业保险取得了一个很不错的成绩。

从赢利管理能力评价结果来看，相比于2011年，随着商业车险费率市场化和交强险对外资放开，财险公司普遍对未来行业承保赢利能力水平充满担忧，从而加大当期业务拓展力度；在新增车险需求疲弱的环境下，如何拓展业务能力、寻找优势项目以及提高公司的产品开发能力等，提到了一个前所未有的地位。

2. 资本管理能力方面：2012年财产保险公司的偿付能力充足率得到大幅度提高，并且中资保险公司总体高于外资保险公司。资本管理能力竞争力排名前10位的公司中，除了安联保险（排名第九）外，其余9家都为中资公司。

3. 经营能力方面：2012年财产险各公司根据自己核心竞争力走特色发展之路，排名前10位的全部为中资保险公司，通过分析表明中资保险公司的经营能力普遍高于外资保险公司。

从经营能力评价结果来看，相对于2011年，各家财险公司的经营战略更加明晰化，经营能力得到了进一步的提升；虽然前10家公司里面没有一家外资保险公司入围，但在专业化、特色化经营方面中资公司还有很长的路要走。

4. 风险管理能力方面：2012年财产保险公司对风险管理能力的认识不够，特别是中资保险公司在风险管理能力方面普遍低于外资保险公司；风险管理能力竞争力排名前10位的公司中，除了1家中资公司（中煤财险，第七名）外，其余9家全部是外资保险公司，这一点必须引起我们的高度重视。

从风险管理能力评价结果来看，各家公司的偿付能力得到了改善。在这47家公司中，偿付能力低于150%的公司只有一家（利宝保险）。偿付能力监管已经成为保险监管的核心，随着我国偿付能力监管的不断完善和改革，偿付能力充足率将直接影响公司的长期可持续发展。

5. 增长潜力方面：2012年财产保险公司实现保费收入5 529.9亿元，同比增长15.7%，并且中资保险公司总体高于外资保险公司，这在受到国际经济金融危机冲击的情况下，尤为不容易。在公司增长潜力竞争力排名前10位的公司中，全部为中资保险公司，通过分析表明外资保险公司的增长潜力不大，主要是由于机构数量较少、资产规模增长较慢等原因造成的。

基于上述5个方面，47家保险公司中综合竞争力排名前10位的都是中资保险公司，研究结论并不支持目前多数研究成果认为中资保险公司竞争力低于外资保险公司的论断。通过研究分析，我们对中国保险公司的竞争力现状有了一个基本的了解。

针对中国财产保险公司竞争力评价的结论，为了更好地提高财产保险公司的竞争力，建议如下：

第一，中国保险公司应该加强企业的风险管理。我们从“次贷危机”中得到的教训是，未能控制的产品创新风险，会导致偿付能力不足的风险。因此，高标准的开展承保业务和充足的资本，是财产保险公司管理其风险的关键。在中国财产险市场迅速发展的过程中，相对于外资保险公司，中资保险公司只有相对较低的资本能力和偿付能力充足率，这是一个很清楚的警示信号：财产保险公司要注重内部的全面风险管理。

第二，整体比较而言，保险公司要想提高竞争力，必须实现规模、效益、风险的统一，确保机构数达到20～25家左右，保费规模达到50亿元以上，注册资本达到30亿元以上。

第三，2013年，财产险市场竞争的激烈程度将进一步提高，市场格局的转变速度将不断加快，规模化经营将给实力不强的中小财产保险公司带来巨大的生存压力；因财险市场竞争形势越来越严峻，预计2013年财险行业承保利润率将有所下降。

第四，加大政府和中国保险监督管理委员会的支持力度。随着费率市场化的改革，财险公司需要继续推进渠道转型，需要更注重电销、网销和交叉销售，增强产品开发能力，满足不同层次消费者的需求，提高行业的服务管理水平。

第五，探讨外资保险公司竞争力普遍低于中资保险公司的原因并予以改进。

总而言之，我们的研究所得到的中国财产保险公司竞争力排名，向中国的财产保险公司发出了强烈而积极的信号：中国财产险业有着光明的发展前景。

二、2012年财产保险公司赢利能力排名与分析（表5－2）

表5－2　　财产保险公司赢利能力竞争力排名及得分

公司名称	得分	排名	公司名称	得分	排名
人保财险	100.00	1	太保财险	55.39	4
中华联合	96.93	2	英大财险	50.77	5
平安财险	66.32	3	紫金财险	46.91	6

续表

公司名称	得分	排名	公司名称	得分	排名
阳光财险	46.29	7	中意财险	40.50	28
阳光农业	46.06	8	安信农业	39.73	29
国元农业	45.75	9	鼎和财险	39.70	30
华农财险	45.45	10	长安责任	39.44	31
国寿财险	44.80	11	太平产险	39.42	32
大地保险	44.23	12	太阳联合	39.24	33
三星	44.11	13	日本财产	38.17	34
乐爱金	43.79	14	爱和谊	38.16	35
中银保险	43.45	15	现代财险	38.07	36
渤海财险	43.21	16	日本兴亚	37.70	37
永诚财险	43.14	17	永安财险	37.64	38
安诚财险	42.92	18	丰泰财险	37.31	39
安华农险	42.79	19	美亚财险	36.94	40
华泰财险	42.63	20	三井住友	36.11	41
民安财险	42.44	21	利宝保险	31.18	42
浙商财险	42.43	22	苏黎世	30.87	43
东京海上	42.27	23	信达财险	29.15	44
华安财险	42.09	24	富邦财险	28.32	45
中煤财险	41.43	25	国泰财险	25.11	46
天平车险	41.35	26	安联保险	20.00	47
大众财险	40.97	27			

从表5-2可以看出，财险市场上赢利能力排名前三的依次是人保财险、中华联合和平安财险，得分分别为100、96.93和66.32，安联保险的得分最低（20分）。

90分以上的公司有2家，占比4.25%；70~90分之间的有0家；60~70分之间的有1家；低于60分的有44家，占比93.6%。

大部分保险公司的赢利能力比人保财险与中华联合都有较大差距。

图5-2列明了赢利能力排名前十的财险公司，可以看出，前十家公司中，人保财险与中华联合的得分优势明显；其余8家公司的赢利能力差别不大。值得注意是在赢利能力排名前十的公司中，有两家政策性农业保险公司入围（阳光农业、国元农业），说明我国农业保险公司的赢利能力比较突出。

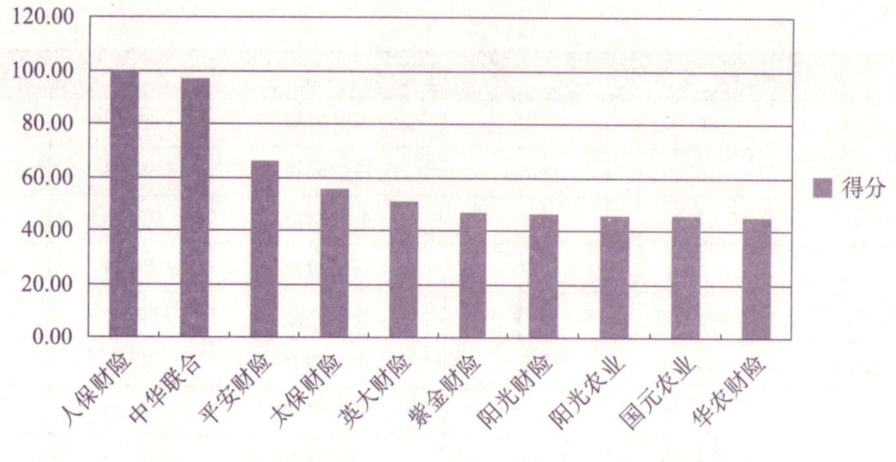

图 5-2 赢利能力前 10 名的财产保险公司得分比较

（一）赢利能力排名前十的财产保险公司，其二级指标的表现

赢利能力是保险公司竞争力的重要表现之一，我们首先对数据进行预处理。然后根据 47 家财产保险公司的 10 个二级指标数据，得到一个 47×10 数据矩阵；运用主成分分析方法，我们选取了 5 个主成分，其累计解释率为 92.26%，每个主成分都是这 8 个二级指标的线性组合（见表 5-3）。

表 5-3 主要反映了赢利能力排名前十的公司，各个二级指标的表现情况。

从表 5-3 中可以看到，人保财险的赢利能力排名第一，主要是该公司在净资产收益率（第一名，100 分）、净利润（第一名，100 分）、总资产收益率（第六名，84.8 分），以及在人均综合收益和人均利润的优秀表现（都是第七名），这对于中国规模最大、历史最长、职工人数最多的国有大型公司来讲，实属不易。同时，该公司在投资收益率、承保利润率（都在前十五名）的表现也不错。

中华联合在 2012 年的赢利能力排名上排在第二名，主要是其在总资产收益率（第二名，96.5 分）和净利润（第四名，23.6 分）上的表现；同时，该公司在净投资收益率和承保利润率指标上的排名都处于第十名，应该说也是一个不错的成绩。

平安财险排名第三是由于该公司在赢利能力各项指标上的比较均衡且优良的表现。在赢利能力十个指标中，该公司在总资产收益率（第五名）、净资产收益率（第三名）、人均综合收益（第十名）、人均利润（第九名）和净利润（第二名）这五项指标上都排名前十。

太保财险作为我国最早成立的三大财产保险公司之一，在赢利能力上排名第四，主要表现为在净资产收益率（第十名）和净利润（第三名）上的良好表现。

英大财险处于赢利能力排名的第五名，主要是由于其在规模性指标净利润上与上述四家公司差别较大造成的。赢利能力排名第四的太保财险，其净利润排名第

表5－3 赢利能力排名前十的财产保险公司，其二级指标的排名与得分情况

赢利能力	总资产收益率		净资产收益率		净投资收益率		投资收益率		承保利润率		投资资产占总资产比		人均综合收益		净利润增长率		人均利润		净利润	
公司	排名	得分	排名	得分	排名	得分	排名	得分	排名	得分	排名	得分	排名	得分	排名	得分	排名	得分	排名	得分
人保财险	6	84.8	1	100	20	48.4	14	50.1	12	47.6	31	64.2	7	83.5	22	76.5	7	81.7	1	100
中华联合	2	96.5	47	0	10	55.2	12	52.6	10	83.3	26	69.7	18	81.0	33	75.0	14	79.9	4	23.6
平安财险	5	84.8	3	98.0	29	38.2	29	36.0	13	80.3	29	64.5	10	82.5	27	75.7	9	81.1	2	46.3
太保财险	13	83	10	95.8	32	36.1	30	34.7	15	80.1	28	65.5	13	82.1	31	75.29	15	79.8	3	28.0
英大财险	7	84.6	11	95.4	5	70.3	4	66.7	17	79.1	10	84.8	1	100	24	75.9	1	100	11	5.5
紫金财险	31	76.6	30	92.9	1	100	2	93.7	37	68.6	14	81.5	26	79.3	8	78.1	29	77.0	26	3.6
阳光财险	10	83.7	5	97.1	8	58.9	10	56.5	23	77.3	15	78.7	21	79.6	23	76.1	22	77.9	6	9.7
阳光农业	1	100	2	99	16	49.2	16	46.2	8	87.7	25	70.6	5	83.9	29	75.6	6	82.6	10	5.9
国元农业	11	83.3	16	94.8	19	48.7	9	58.3	1	100	9	84.9	15	81.8	20	76.5	10	80.8	18	4.2
华农财险	42	65.0	41	90.2	2	88.4	1	100	40	61.7	1	100	38	76.0	16	76.8	37	74.4	38	3.2

三，得分28.0分，而英大财险在净利润指标上排名第十一，得分是5.5分，仅是太保财险的1/5左右。英大财险在总资产收益率、净投资收益率、投资收益率、投资资产占总资产比、人均综合收益、人均利润6个指标上排名前十，表现优秀，与平安财险情况类似。

紫金财险列赢利能力的第六名，主要是该公司在净投资收益率（第一名）、投资收益率（第二名）和净利润增长率（第八名）上的优秀表现。

阳光农业、国元农业分列赢利能力的第八名和第九名。这两家政策性农业保险公司的赢利能力排名取得好成绩，是由于它们在总资产收益率、净资产收益率、承保利润率、人均利润和人均综合收益上的优良表现。尤其值得一提的是，这两家农业保险公司的承保利润率在47家财产险保险公司中都名列前茅。

华农财险赢利能力排名第十，主要是该公司的投资收益率（第一名）、净投资收益率（第二名）和投资资产占总资产比（第一名）上的优秀表现。

（二）赢利能力指标下，各个指标排名与得分前十的公司情况（见表5-4）

表5-4列明了赢利能力指标下各二级指标排名前十的公司及得分，主要反映了财产保险业赢利能力的整体状况。

从表5-4中可以看出，净利润指标的公司得分波动范围很大。净利润指标的波动范围大主要是该项指标排名第一的人保股份其规模、历史和赢利管理能力水平比其他公司强很多，因此，占有明显的优势。人保股份的净利润得分比排名第二的平安财险和排名第三的太保财险多40多分，而第十名的阳光农业仅得分5.91；该项指标对大公司的赢利能力评估有利。

其余指标得分的波动范围都不是很大，基本上在第一名的100分到第十名的55分以上，其中，净资产收益率指标前十名公司的得分相差不到5分，基本没有差距。

总资产收益率指标得分的前十名公司，阳光农业排名第一，阳光财险排名第十（83.69分）；在4家农业保险公司中，有两家入围前十（安华农险排名第四，86.67分），此外，国元农业的总资产收益率排名第十一，由此来看，我国农业保险公司的总资产收益率都处于很高的水平。

净投资收益率和投资收益率这两个指标前十名公司得分的波动范围都在100分到55分左右，并且都是中资保险公司。这说明中资保险公司的投资能力并不差，但是公司之间还是有一定差距的。

表 5－4　　赢利能力各级指标中，排名前十的公司及得分

二级指标排名	总资产收益率	净资产收益率	净投资收益率	投资收益率	承保利润率	投资资产占总资产比	人均综合收益	净利润增长率	人均利润	净利润
	公司名称（得分）	公司名称（得分）	公司名称（得分）	公司名称（得分）	公司名称（得分）	公司名称（得分）	公司名称（得分）	公司名称（得分）	公司名称（得分）	公司名称（得分）
1	阳光农业（100）	人保财险（100）	紫金财险（100）	华农财险（100）	国元农业（100）	华农财险（100）	英大财险（100）	安诚财险（100）	英大财险（100）	人保财险（100）
2	中华联合（96.56）	阳光农业（99.00）	华农财险（88.39）	紫金财险（93.77）	现代财险（99.81）	日本兴亚（97.40）	三星（88.57）	太阳联合（92.80）	三星（90.21）	平安财险（46.31）
3	中银保险（89.33）	平安财险（98.05）	华泰财险（87.67）	渤海财险（76.42）	丰泰财险（99.69）	信达财险（94.23）	乐爱金（86.82）	中银保险（91.76）	乐爱金（86.67）	太保财险（28.03）
4	安华农险（86.67）	中银保险（97.59）	渤海财险（70.83）	英大财险（66.69）	三星（98.14）	永安财险（92.29）	中银保险（85.09）	美亚财险（91.06）	丰泰财险（84.42）	中华联合（23.64）
5	平安财险（84.81）	阳光财险（97.01）	英大财险（70.34）	永诚财险（63.99）	中煤财险（95.81）	爱和谊（90.85）	阳光农业（83.89）	华泰财险（84.84）	东京海上（83.50）	大地保险（9.99）
6	人保财险（84.68）	华泰财险（96.83）	安诚财险（63.03）	华泰财险（62.32）	乐爱金（89.75）	安诚财险（90.83）	东京海上（83.77）	丰泰财险（83.99）	阳光农业（82.56）	阳光财险（9.71）
7	英大财险（84.58）	太平产险（96.68）	民安财险（62.14）	安诚财险（61.19）	三井住友（88.29）	国寿财险（90.06）	人保财险（83.49）	乐爱金（83.82）	人保财险（81.77）	中银保险（7.00）
8	东京海上（84.51）	大地保险（95.99）	阳光财险（58.90）	民安财险（61.10）	阳光农业（87.70）	安华农险（85.78）	丰泰财险（88.33）	紫金财险（78.11）	鼎和财险（81.35）	国寿财险（6.91）
9	三星（84.43）	安华农险（95.97）	华安财险（55.41）	国元农业（58.35）	东京海上（85.68）	国元农业（84.93）	国寿财险（82.65）	浙商财险（78.08）	平安财险（81.16）	华泰财险（6.10）
10	阳光财险（83.69）	太保财险（95.82）	中华联合（55.24）	阳光财险（56.50）	中华联合（83.33）	英大财险（84.79）	平安财险（82.54）	中意财险（78.04）	国元农业（80.81）	阳光农业（5.91）

承保利润率指标的第十名是中华联合（得分83.33分），前十家公司的差距并不很明显。

但是此项指标的前十家公司中，除了两家农业保险公司（国元农业与阳光农业）外，其余8家公司中有6家都是外资保险公司（现代财产、丰泰、三星、乐爱金、三井住友、东京海上）。这说明外资财险公司的承保能力以及产品开发、管理等都有许多需要中资保险公司学习和借鉴的地方。

投资资产占总资产比反映了公司的投资意愿和能力，排名前十的公司得分从华农财险的100分到英大财险的84.79分，差距并不明显。

人均综合收益和人均利润是两个密切联系的指标，这两个指标排名第一的都是英大财险（100分），排名第十的分别是平安财险（82.54分）和国元农业（80.81分），之间差距并不大。四家外资保险公司：三星、乐爱金、丰泰和东京海上在这两个指标中都排名前十，说明外资保险公司的人均绩效和劳动效率较高。

净利润增长率反映了公司在2012年度净利润的增长速度，排名第一的是安诚财险，排名第十的中意财险得分是78.04，差距不很明显。公司得分即可能是公司的利润增长确实较快，还一种可能是公司在2011年的净利润基数过小造成的。

（三）赢利能力结构的模糊聚类分析

聚类分析是数理统计中的一种多元分析方法，它是用数学方法定量地确定研究对象的亲疏关系，从而客观地划分类型和度量研究对象之间的相似程度。事物之间的界限，有些是确切的，有些则是模糊的。当聚类涉及事物之间的模糊界限时，需运用模糊聚类分析方法。

本文试图根据保险公司在这些指标上的指标得分，运用模糊聚类方法分析各公司之间的相似程度，为各公司之间的赢利能力比较提供一个新的方法和视角（见表5-5）。

从表5-5可以看出，处于主对角线上的值都取1，显然各个公司和自己的相似和贴近程度为100%。

表5-5　　赢利能力排名前十的公司的模糊聚类等价矩阵

	人保财险	中华联合	平安财险	太保财险	英大财险	紫金财险	阳光财险	阳光农业	国元农业	国寿财险
人保财险	1.00	0.51	0.68	0.68	0.53	0.51	0.53	0.53	0.53	0.53
中华联合	0.51	1.00	0.51	0.51	0.51	0.51	0.51	0.51	0.51	0.51
平安财险	0.68	0.51	1.00	0.78	0.53	0.51	0.53	0.53	0.53	0.53

续表

	人保财险	中华联合	平安财险	太保财险	英大财险	紫金财险	阳光财险	阳光农业	国元农业	国寿财险
太保财险	0.68	0.51	0.78	1.00	0.53	0.51	0.53	0.53	0.53	0.53
英大财险	0.53	0.51	0.53	0.53	1.00	0.51	0.54	0.54	0.54	0.54
紫金财险	0.51	0.51	0.51	0.51	0.51	1.00	0.51	0.51	0.51	0.51
阳光财险	0.53	0.51	0.53	0.53	0.54	0.51	1.00	0.55	0.65	0.66
阳光农业	0.53	0.51	0.53	0.53	0.54	0.51	0.55	1.00	0.55	0.55
国元农业	0.53	0.51	0.53	0.53	0.54	0.51	0.65	0.55	1.00	0.65
国寿财险	0.53	0.51	0.53	0.53	0.54	0.51	0.66	0.55	0.65	1.00

该矩阵的得分都不高并且差别不明显，说明各公司之间赢利能力的相似性都较低，可比性不强。

在此矩阵中，人保财险与平安财险、太保财险的相似性程度最高，得分是0.68分，说明相对于其他7家公司，这3家财险公司的赢利能力的可比性是最高的，尽管绝对分数不高。

其他公司之间的得分都位于0.51～0.66分之间，基本没有可比性和相似性。

三、2012年财产保险公司资本管理能力排名与分析

资本管理能力指标共包含8个比率分析二级指标；数据预处理后，得到一个47×8数据矩阵；根据主成分分析方法，我们选取了5个主成分，其累计解释率为92.26%，每个主成分都是这8个二级指标的线性组合（见表5－6）。

表5－6　财产保险公司资本管理能力竞争力排名及得分

公司名称	排名	得分	公司名称	排名	得分
人保财险	1	100.00	大地保险	7	77.58
华泰财险	2	89.86	天平车险	8	77.38
国元农业	3	87.77	安联保险	9	77.00
阳光财险	4	82.57	太保财险	10	76.36
平安财险	5	82.29	英大财险	11	75.62
华农财险	6	80.66	永诚财险	12	74.24

续表

公司名称	排名	得分	公司名称	排名	得分
太平产险	13	74.07	美亚财险	31	52.90
国寿财险	14	73.82	丰泰财险	32	50.51
中意财险	15	73.75	现代财险	33	50.04
中煤财险	16	68.73	日本财产	34	50.02
安华农险	17	66.33	三井住友	35	47.81
紫金财险	18	66.19	苏黎世	36	47.58
中银保险	19	62.91	中华联合	37	43.38
安信农业	20	62.40	安诚财险	38	42.96
大众财险	21	62.33	三星	39	41.60
浙商财险	22	60.39	阳光农业	40	37.19
长安责任	23	58.86	乐爱金	41	37.14
渤海财险	24	58.58	富邦财险	42	32.50
永安财险	25	58.37	太阳联合	43	30.48
国泰财险	26	58.07	利宝保险	44	27.78
华安财险	27	57.47	信达财险	45	27.51
民安财险	28	56.41	日本兴亚	46	22.10
鼎和财险	29	55.24	爱和谊	47	20.00
东京海上	30	53.33			

从表5-6可以看出，在人保财险100分的前提下，华泰财险和国元农业的得分分别是89.86分和87.77分，最低分是爱和谊（20.00分），平均得分是58.94分，大于平均得分的有22家，占比47.82%。

80分以上的公司有6家，占比12.77%，70~80分之间的有9家，占比19.15%，60~70分之间的有7家，占比14.89%，60分以下的有25家，占比53.19%。

图5-3列明了资本管理能力排名前十的财险公司，可以看出人保财险的表现比较突出，其他九家公司的资本管理能力差别不是很明显。

（一）资本管理能力排名前十的财产保险公司，其二级指标的排名与得分（表5-7）

在表5-7中，人保财险的资本管理能力排名第一，主要是该公司在杠杆系数（第一名）、资本利用率（第二名）、资本管理系数（第五名）、认可资产负债率（第七名）和资金成本率（第八名）上的优秀表现。

华泰财险一直坚持稳健经营，其资本管理能力排名第二，主要是该公司在认可

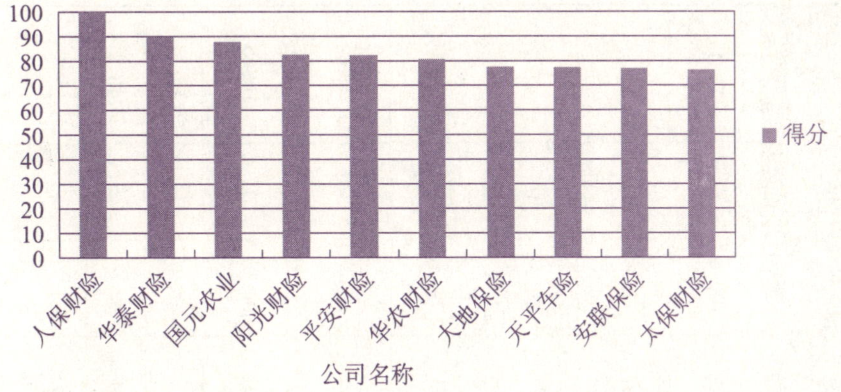

图 5-3　资本管理能力前 10 名的财产保险公司得分比较

资产负债率（第二名，92.0 分）、资金运用效率（第三名，71.2 分）、资本利用率（第十名，94.8 分）和杠杆系数（第十名，56.1 分）的良好表现。

国元农业的资本管理能力排名第三，主要是由于该公司在资金成本率（第一名，100 分）、资产认可率（第二名，92.9 分）和认可资产增长率（第五名，93.7 分）上的突出表现。

资本管理能力排名第四的阳光财险，在杠杆系数（第三名，74.8 分）、资本利用率（第五名，95.5 分）和资本管理系数（第九名，97.5 分）上的良好表现。

资本管理能力排名第五的平安财险，在这 8 项二级指标上，有 5 项都在前十名，分别是资本管理系数、认可资产负债率、资本利用率、资金成本率和杠杆系数，显示了这家财险公司稳健、健康的发展趋势。

整体来看，资本管理能力排名前十的公司，其在各项指标上的表现差异不大。资本管理能力排在第十名的太保财险，其在各项指标上的也比较均衡。太保财险在认可资产增长率（第三十八名，24.1 分）和资金运用效率（第三十一名，44.4 分）上的排名的得分影响了在资本管理能力上的表现和成绩。

（二）资本管理能力下各二级指标排名与得分前十的公司情况（表 5-8）

表 5-8 列出了资本管理能力下各二级指标排名前十的公司及得分，主要反映保险公司资本管理能力的整体状况。

从表 5-8 可以看出，在资本管理系数和资本利用率这两项指标上排名前十的公司的得分差距不大，最高和最低得分差距在 5 分左右，说明这些公司都比较关注偿付能力和获取收入的能力。这两项指标对这些公司的资本管理能力排名影响有限。

表 5-7　资本管理能力排名前十的财产保险公司，其二级指标的排名与得分情况

资本管理能力		资本管理系数		认可资产负债率		资产认可率		认可资产增长率		资本利用率		资金成本率		杠杆系数		资金运用效率
公司	排名	得分	排名	得分	排名	得分	排名	得分	排名	得分	排名	得分	排名	得分	排名	得分
人保财险	5	99.0	7	89.4	21	54.8	35	26.3	2	98.3	8	84.4	1	100.0	13	56.4
华泰财险	11	97.2	2	92.0	18	56.2	25	28.3	10	94.8	17	82.3	10	56.1	3	71.2
国元农业	33	81.6	42	53.8	2	92.9	5	43.7	23	92.8	1	100.0	10	49.5	19	52.5
阳光财险	9	97.5	16	81.8	28	51.2	32	26.9	5	95.5	19	82.0	3	74.8	14	55.7
平安财险	6	98.9	10	86.7	29	53.5	18	32.5	3	96.9	9	84.4	2	82.2	36	41.7
华农财险	27	87.6	36	62.7	14	57.0	31	27.0	32	91.6	38	69.6	32	31.0	1	100.0
大地	10	97.5	12	85.0	31	53.1	34	26.7	8	94.9	14	82.7	9	60.1	18	53.2
天平	2	99.9	6	89.8	43	50.1	33	26.8	7	95.0	20	82.0	4	68.2	28	46.8
安联	36	80.2	1	100.0	1	100.0	2	60.4	18	93.0	40	68.9	42	24.1	42	25.3
太保财险	7	98.5	13	84.9	27	53.6	38	24.1	9	94.8	10	84.2	5	66.8	31	44.4

表 5-8　资本管理能力各个指标中，排名前十的公司及得分

二级指标排名	资本管理系数	认可资产负债率	资产认可率	认可资产增长率	资本利用率	资金成本率	杠杆系数	资金运用效率
	公司名称（得分）	公司名称（得分）	公司名称（得分）	公司名称（得分）	公司名称（得分）	公司名称（得分）	公司名称（得分）	公司名称（得分）
1.0	利宝保险 100.0	安联保险 100.0	安联保险 100.0	信达财险 100.0	太平产险 100.0	国元农业 100.0	人保财险 100.0	华农财险 100.0
2.0	天平车险 99.9	华泰财险 92.0	国元农业 92.9	安联保险 60.4	人保财险 98.3	三星 94.4	平安财险 82.2	紫金财险 77.2
3.0	太平产险 99.4	中意财险 91.7	日本兴亚 61.2	渤海财险 54.8	平安财险 96.9	阳光农业 90.2	阳光财险 74.8	华泰财险 71.2
4.0	中华联合 99.3	丰泰财险 91.4	太阳联合 59.7	长安责任 51.4	国寿财险 95.7	丰泰财险 89.7	天平车险 68.2	中煤财险 70.4
5.0	人保财险 99.0	长安责任 90.4	三星 59.5	国元农业 43.7	阳光财险 95.5	中华联合 86.8	太保财险 66.8	渤海财险 68.0
6.0	平安财险 98.9	天平车险 89.8	鼎和财险 58.7	民安财险 43.0	长安责任 95.1	乐爱金 85.4	国寿财险 65.3	安诚财险 67.7
7.0	太保财险 98.5	人保财险 89.4	国泰财险 58.5	现代财险 42.3	天平车险 94.9	东京海上 84.6	安华农险 65.3	中意财险 67.1
8.0	永安财险 98.4	太平产险 89.0	中煤财险 58.5	英大财险 39.6	大地保险 94.9	人保财险 84.4	太平产险 60.9	英大财险 65.0
9.0	阳光财险 97.5	中华联合 87.5	中意财险 58.5	苏黎世 38.0	太保财险 94.8	平安财险 84.4	大地保险 60.1	永诚财险 62.9
10.0	大地保险 97.5	平安财险 86.7	乐爱金 58.4	国寿财险 37.3	华泰财险 94.8	太保财险 84.2	华泰财险 56.1	国泰财险 61.6

认可资产负债率、资产认可率反映了公司的经营类别、观念与资产质量，安联财险在这两项指标上都是名列第一名，排名第十的分别是得分 86.7 分的平安财险和 58.4 分的乐爱金，公司之间的得分有所差距。值得注意的是，资产认可率排名前十的公司中，有 8 家是外资保险公司（分别是安联保险、日本兴亚、太阳联合、三星、鼎和财险、国泰财险、中意财险、乐爱金），说明外资保险公司的资产质量很高。

认可资产增长率反映了公司资产质量的发展趋势，第一名的信达财险 100 分，第十名的国寿财险得分 37.3 分，差别较大，中资保险公司发展占优。

资金成本率反映了公司拓展业务获取承保利润的资金成本，国元农业、三星和阳光农业名列前三名，相差不到 10 分，差距并不明显。两家农业保险公司的表现也证明了国家对农业保险业的重视和支持。

杠杆系数反映了公司自留保费的水平，人保财险以其雄厚的实力，排名第一。

其他 9 家公司也都是中资保险公司，反映了中资保险公司更喜欢保留更多的原保费收入和风险。

资金运用效率反映了公司可运用资金收益率与银行一年定期存款利率的比较，华农财险以较大优势名列第一，比第二名的紫金财险多 20 多分。排名第十的国泰财险得分是 61.6 分，说明这 9 家公司的资金运用效率差距不很明显。

（三）资本管理能力结构的模糊聚类分析

聚类分析是数理统计中的一种多元分析方法，它是用数学方法定量地确定研究对象的亲疏关系，从而客观地划分类型和度量研究对象之间的相似程度。事物之间的界限，有些是确切的，有些则是模糊的。当聚类涉及事物之间的模糊界限时，需运用模糊聚类分析方法。

根据保险公司在这些指标上的指标得分，运用模糊聚类方法分析各公司之间的相似程度，为各公司之间的资本管理能力比较提供一个新的方法和视角（表 5－9）。

表 5－9　　资本管理能力排名前 10 的公司的模糊聚类等价矩阵

	人保财险	华泰财险	国元农业	阳光财险	平安财险	华农财险	大地保险	天平车险	安联保险	太保财险
人保财险	1.00	0.80	0.29	0.80	0.82	0.80	0.80	0.80	0.29	0.80
华泰财险	0.80	1.00	0.29	0.85	0.80	0.85	0.85	0.85	0.29	0.85
国元农业	0.29	0.29	1.00	0.29	0.29	0.29	0.29	0.29	0.32	0.29

续表

	人保财险	华泰财险	国元农业	阳光财险	平安财险	华农财险	大地保险	天平车险	安联保险	太保财险
阳光财险	0.80	0.85	0.29	1.00	0.80	0.85	0.88	0.87	0.29	0.88
平安财险	0.82	0.80	0.29	0.80	1.00	0.80	0.80	0.80	0.29	0.80
华农财险	0.80	0.85	0.29	0.85	0.80	1.00	0.85	0.85	0.29	0.85
大地保险	0.80	0.85	0.29	0.88	0.80	0.85	1.00	0.87	0.29	0.89
天平车险	0.80	0.85	0.29	0.87	0.80	0.85	0.87	1.00	0.29	0.87
安联保险	0.29	0.29	0.32	0.29	0.29	0.29	0.29	0.29	1.00	0.29
太保财险	0.80	0.85	0.29	0.88	0.80	0.85	0.89	0.87	0.29	1.00

从表5-9可以看出，处于主对角线上的值都取1，显然各个公司和自己的相似与贴近程度最好，为100%。

此矩阵有以下几个特点：

（1）各公司之间的相似性得分差距较大，从最高的0.89分到最低的0.29分，说明公司之间的资本管理能力的水平与可比性差别较大。

（2）根据表5-9，公司之间最具有相似性的是大地保险与太保财，得分是0.89；其次天平车险与太保财之间的相似性也达到了0.87，具有较强的可比性。

（3）国元农业与其他公司之间相似性得分介于0.32分到0.29分之间，不具有可比性；即其他公司的资本管理能力与国元农业不具有可比性，难以模仿。

（4）作为资本管理能力排名前十的唯一的一家外资保险公司，安联保险与其余九家保险公司的相似性介于0.32分到0.29分之间，也不具有可比性。

通过国元农业与安联保险这两家公司和其他公司的相似性比较，证明有价值对他们的资本管理能力做进一步的研究和分析。

四、2012年财产保险公司经营能力排名与分析

经营能力指标由10个比率指标和1个规模性指标，共11个指标构成。数据预处理后，我们根据47家人身险公司的11个二级指标数据，得到一个47×11数据矩阵；根据主成分分析方法，选取了6个主成分，其累计解释率为85.85%。

其主要结果如表5-10所示。

表 5－10　　财产保险公司经营能力竞争力排名及得分

公司名称	排名	得分	公司名称	排名	得分
国元农业	1	100.00	华农财险	25	72.34
人保财险	2	93.29	中意财险	26	72.23
长安责任	3	92.59	永诚财险	27	71.95
平安财险	4	87.85	中煤财险	28	71.68
国寿财险	5	84.04	东京海上	29	71.42
信达财险	6	83.41	中华联合	30	69.99
阳光财险	7	83.05	三井住友	31	69.56
民安财险	8	82.25	三星	32	68.80
太保财险	9	81.82	中银保险	33	68.50
阳光农业	10	81.69	美亚财险	34	68.26
太平产险	11	81.69	现代财险	35	67.34
丰泰财险	12	81.54	大众财险	36	67.21
乐爱金	13	80.68	鼎和财险	37	66.29
浙商财险	14	79.18	安信农业	38	65.80
安华农险	15	79.12	利宝保险	39	60.87
渤海财险	16	79.11	日本财产	40	60.61
永安财险	17	78.62	安联保险	41	59.30
天平车险	18	78.31	苏黎世	42	58.48
大地保险	19	78.12	太阳联合	43	58.44
安诚财险	20	75.01	日本兴亚	44	55.18
华泰财险	21	74.22	富邦财险	45	54.86
英大财险	22	73.87	爱和谊	46	46.53
紫金财险	23	73.76	国泰财险	47	20.00
华安财险	24	72.95			

从表 5－10 可以看出在国元农业为 100 分的基准下，人保财险和长安责任的得分依次是 93.29 和 92.59，最低分是国泰财险（20.00 分），平均得分是 72.38，大于平均得分的有 24 家，占比 51.1%。

90 分以上的公司有 3 家，占比 6.4%，80～90 分之间的有 10 家，占比 21.3%，60～80 分之间的有 27 家，占比 57.4%，60 分以下的有 7 家，占比 14.9%。

图 5－4 列明了经营能力排名前十的财险公司，可以看出国元农业的经营能力最高；国元农业、人保财险和长安责任都是 90 分以上，明显强于其他公司。

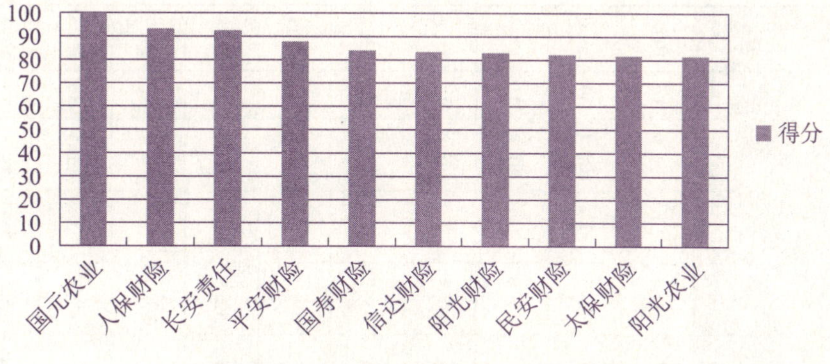

图5－4　经营能力排名前十的得分比较

（一）经营能力排名前十的公司，其二级指标的具体得分及排名（表5－11）

为了便于对公司的实际经营情况进行比较，表5－11的指标中，综合赔付率、综合费用率、综合成本率、合成本率变化率、手续费及佣金比率、险种集中度系数这6项指标都进行了逆向化处理，即越是排名靠前的公司说明这些公司指标的取值越小，其费用成本控制越有力。

国元农业的经营能力排名第一，主要是由于该公司在综合成本率、手续费及佣金比率、综合费用率、综合赔付率、总资产周转率和综合成本率变化率上的优异表现，国元农业在这6项指标的表现都位于47家公司的前十名。

人保财险的经营能力排名第二，主要是由于该公司在净资产周转率、综合费用率、综合成本率和报告期营业收入指标上的优秀表现。该公司在这些指标上的表现都在前十名内，尤其是报告期营业收入指标，人保财险比第二名的平安财险多近40分。

长安责任的经营能力排名第三，主要是由于该公司在净资产周转率、综合成本率变化率、手续费及佣金比率和资产增量保费比上的优良表现，该公司在这些指标上的表现都在前十名内。

平安财险的经营能力排名第四，主要是由于该公司在净资产周转率、综合费用率、综合成本率、报告期营业收入上的优良表现，该公司在这些指标上的表现都在前十名内。

国寿财险在经营能力指标上，排名第五，主要是由于该公司在总资产周转率、净资产周转率、报告期营业收入以及营业收入增长率上的优良表现，该公司在这些指标上的表现都在前十名内。

信达财险在经营能力指标上，排名第六，主要是由于该公司在资产增量保费比（第一名）、营业收入增长率（第四名）上的突出表现，该公司在这些指标上的表

表 5-11　经营能力排名前十的财产保险公司，其二级指标的排名及得分

经营能力指标	净资产周转率		总资产周转率		综合赔付率		综合费用率		综合成本率		综合成本率变化率		手续费及佣金比率		险种集中度系数		资产增量保费比		报告期营业收入		营业收入增长率	
公司排名	排名	得分	排名	得分	排名	得分	排名	得分	排名	得分	排名	得分	排名	得分	排名	得分	排名	得分	排名	得分	排名	得分
国元农业	18	91.2	5	86.6	5	79.5	3	95.9	1	100.0	6	80.6	1	100.0	24	69.1	17	41.4	20	20.9	16	29.4
人保财险	2	98.8	18	70.4	34	64.1	4	88.0	8	84.4	24	64.9	26	74.3	34	48.7	37	32.3	1	100.0	34	26.0
长安责任	8	94.2	25	60.0	39	61.4	12	82.8	27	78.3	7	77.4	6	90.7	33	48.9	2	77.9	25	20.8	21	27.7
平安财险	3	96.4	11	78.9	21	68.4	8	85.3	9	84.4	29	64.3	25	74.4	27	53.3	24	39.5	2	60.0	25	27.0
国寿财险	5	94.8	4	87.0	20	68.9	14	82.7	18	82.2	21	65.3	35	70.2	41	40.4	15	43.0	5	29.7	9	32.2
信达财险	30	88.8	27	59.5	25	67.4	41	66.8	41	67.2	10	70.5	38	66.7	37	46.9	1	100.0	22	20.8	4	43.1
阳光财险	4	96.0	8	82.1	18	69.2	16	82.2	19	82.0	20	65.3	16	81.4	42	39.2	34	32.9	7	27.0	27	26.8
民安财险	12	92.9	17	71.1	26	66.8	27	78.7	29	77.5	17	67.1	15	81.6	39	43.7	9	53.7	21	20.9	33	26.1
太保财险	10	93.4	12	78.4	27	66.6	6	86.3	10	84.2	30	63.7	30	72.4	31	50.0	40	28.3	3	48.4	32	26.3
阳光农业	17	91.4	3	95.2	43	60.2	2	96.9	3	90.2	41	55.9	4	93.8	5	94.1	20	40.3	18	21.1	13	30.4

现都在前十名内。

经营能力排名第七到第十的分别是阳光财险、民安财险、太保财险和阳光农业，它们在总资产周转率、净资产周转率、报告期营业收入、经营成本控制等方面都处于中上或者前十名之内，各项指标表现都比较均衡。

值得关注的是，经营能力排名前十的公司中，4 家专业农业保险公司中就有两家公司入围。他们分别是排名第一的国元农业和排名第十的阳光农业，这说明我国农业保险公司的经营能力和状况都不错，它们在总资产周转率、净资产周转率、综合费用率、综合成本率和报告期营业收入等指标上都有很不错的表现。当然，这些表现也应该与我国对农业保险的支持是分不开的。

此外，经营能力排名前十的公司全部是中资保险公司，由此看来，中资保险公司在经营能力方面比外资保险公司占有比较明显的优势。

（二）经营能力指标下，各二级指标排名前十的财产保险公司及得分

表 5 - 12 列明了赢利能力指标下各二级指标排名前十的公司及其得分，主要反映保险公司赢利能力的整体状况。

在表 5 - 12 的指标中，综合赔付率、综合费用率、综合成本率、合成本率变化率、手续费及佣金比率、险种集中度系数这 6 项指标也都进行了逆向处理，即越是排名靠前的公司说明这些公司指标的取值越小。

从表 5 - 12 可以看出，各项指标得分中，这些公司在报告期营业收入指标上的得分差距比较明显，尤其是第一名和第二名之间差距较大，第二名的平安财险得分仅仅是 60 分左右，反映了公司业务开发和拓展能力上的巨大差异。

各公司在营业收入增长率指标上的表现差距也很大。第一名的富邦财险比第二名的华泰财险多 40 多分，而第十名的利宝保险的得分仅是 31.2 分，说明各公司业务增长速度和业务拓展能力的巨大差别。

在剩余的十项指标中，第一名和第十名的得分基本在 50 分左右，比较合理，能够较好地反映各个公司的经营能力和水平。

在总资产周转率和净资产周转率方面，前十名的基本都是中资公司（只有一家外资保险，利宝保险），说明中资公司资产的整体营运能力和效率较高。

在综合费用率、综合赔付率、综合成本率以及手续费及佣金比率这 4 项指标上，前十名公司中，中外资保险公司基本平分秋色，其中在综合费用率、综合赔付率这两项指标上表现最优的是两家外资保险公司，分别是太阳联合、三星。在财险公司中，中外资保险公司的比例基本是 2∶1，可是在这 3 项指标中，中外资保险公司基本平分秋色，说明整体上外资保险公司的费用管理和成本管理占有优势。

表 5－12　　经营能力指标下，各二级指标排名前十的财产保险公司及得分

二级指标	净资产周转率	总资产周转率	综合赔付率	综合费用率	综合成本率	综合成本率变化率	手续费及佣金比率	险种集中度系数	资产增量保费比	报告期营业收入	营业收入增长率
排名	公司（得分）	公司（得分）	公司（得分）	公司（得分）	公司（得分）	公司（得分）	公司（得分）	公司（得分）	公司（得分）	公司（得分）	公司（得分）
1	太平产险（100）	中华联合（100）	太阳联合（100）	三星（100）	国元农业（100）	富邦财险（100）	国元农业（100）	中意财险（100）	信达财险（100）	人保财险（100）	富邦财险（100）
2	人保财险（98.8）	安华农险（97.1）	美亚财险（94.0）	阳光农业（96.9）	三星（94.4）	中意财险（94.3）	三星（96.9）	中银保险（99.8）	长安责任（77.9）	平安财险（60.0）	华泰财险（57.1）
3	平安财险（96.4）	阳光农业（95.2）	丰泰财险（87.5）	国元农业（95.9）	阳光农业（90.2）	乐爱金（85.8）	东京海上（95.1）	太阳联合（98.0）	现代财险（75.1）	太保财险（48.4）	华农财险（44.3）
4	阳光财险（96.0）	国寿财险（87.0）	中银保险（85.9）	人保财险（88.0）	丰泰财险（89.7）	丰泰财险（84.1）	阳光农业（93.8）	美亚财险（96.7）	富邦财险（67.9）	中华联合（30.8）	信达财险（43.1）
5	国寿财险（94.8）	国元农业（86.6）	国元农业（79.5）	安华农险（86.6）	中华联合（86.8）	太阳联合（82.7）	三井住友（92.7）	阳光农业（94.1）	苏黎世（63.1）	国寿财险（29.7）	国泰财险（38.0）
6	永安财险（94.6）	浙商财险（85.0）	英大财险（78.6）	太保财险（86.3）	乐爱金（85.4）	国元农业（80.6）	长安责任（90.7）	现代财险（93.5）	中华联合（58.2）	大地保险（27.9）	苏黎世（38.0）
7	大地保险（94.2）	利宝财险（83.5）	东京海上（78.5）	中华联合（85.9）	东京海上（84.6）	长安责任（77.4）	乐爱金（89.7）	丰泰财险（92.8）	利宝保险（55.6）	阳光财险（27.0）	紫金财险（37.2）
8	长安责任（94.2）	阳光财险（82.1）	乐爱金（78.1）	平安财险（85.3）	人保财险（84.4）	中银保险（71.9）	安信农业（88.6）	三星（90.3）	丰泰财险（53.7）	永安财险（23.4）	英大财险（34.5）
9	天平车险（93.9）	永安财险（80.7）	中煤财险（78.0）	鼎和财险（84.6）	平安财险（84.4）	紫金财险（71.1）	安华农险（87.6）	三井住友（89.1）	民安财险（53.7）	太平产险（23.0）	国寿财险（32.2）
10	太保财险（93.4）	大地保险（79.5）	浙商财险（76.9）	大地保险（83.9）	太保财险（84.2）	信达财险（70.5）	安诚财险（86.5）	苏黎世（88.6）	三星（52.4）	华安财险（22.9）	利宝保险（31.2）

另一个值得注意的现象是，在综合成本率变化率指标上，排名前5家的公司都是外资保险公司，说明外资保险公司的成本和费用控制优势还在不断强化中。

险种集中度系数反映了保险公司保费收入来源的集中程度，也反映了公司的产品开发能力和业务拓展水平。在排名前十的公司中，只有两家是中资保险公司，分别是排名第二的中银保险和排名第五的阳光农业，但是得分差距不大，说明外资保险公司略占有优势但优势不明显。

资产增量保费比反映的是保险公司的保险业务收入对公司资产变化的影响，信达财险在此项指标上的表现优势比较明显，比第二名的长安责任得分多出了20多分。长安责任的得分与其余8家公司之间的得分差别不明显，比排名第十的三星（得分52.4分）多25分左右。

（三）经营能力结构的模糊聚类分析

聚类分析是数理统计中的一种多元分析方法，它是用数学方法定量地确定研究对象的亲疏关系，从而客观地划分类型和度量研究对象之间的相似程度。事物之间的界限，有些是确切的，有些则是模糊的。当聚类涉及事物之间的模糊界限时，需运用模糊聚类分析方法。

根据保险公司在这些指标上的得分，运用模糊聚类方法分析各公司之间的相似程度，为各公司之间的资本管理能力比较提供一个新的方法和视角（表5-13）。

表5-13　经营能力排名前10的公司的模糊聚类等价分析矩阵

	国元农业	人保财	长安责任	平安财	国寿财	信达财	阳光财	民安财	太保财	阳光农业
国元农业	1.00	0.31	0.31	0.31	0.31	0.31	0.31	0.31	0.31	0.31
人保财	0.31	1.00	0.64	0.77	0.77	0.73	0.77	0.74	0.77	0.43
长安责任	0.31	0.64	1.00	0.64	0.64	0.64	0.64	0.64	0.64	0.43
平安财	0.31	0.77	0.64	1.00	0.78	0.73	0.78	0.74	0.84	0.43
国寿财	0.31	0.77	0.64	0.78	1.00	0.73	0.82	0.74	0.78	0.43
信达财	0.31	0.73	0.64	0.73	0.73	1.00	0.73	0.73	0.73	0.43
阳光财	0.31	0.77	0.64	0.78	0.82	0.73	1.00	0.74	0.78	0.43
民安财	0.31	0.74	0.64	0.74	0.74	0.73	0.74	1.00	0.74	0.43
太保财	0.31	0.77	0.64	0.84	0.78	0.73	0.78	0.74	1.00	0.43
阳光农业	0.31	0.43	0.43	0.43	0.43	0.43	0.43	0.43	0.43	1.00

从表5-13可以看出，处于主对角线上的值都取1，显然各个公司和自己的相似与贴近程度为100%。

经营能力得分排名第一的国元农业，与其余9家公司的近似程度是0.31分数较低；这说明在经营能力结构和各个指标上的表现，其余 9 家公司与国元农业可比性不强，相似程度较低，这些公司难以模仿和学习。

在此矩阵中，相似性得分最高的是平安财险和太保财险，得分是 0.84 分；国寿财险和阳光财险的相似性得分达到了 0.82 分，也具有较好的可比性与相似性。

人保财险与其余 9 家公司的相似性得分介于 0.77 和 0.31 之间，差别较大。

其余公司之间的相似性得分都不高，说明这些公司之间的经营能力和业务表现可比性不高；也说明财险业还没有形成一个比较占主流地位的经营模式。

五、2012 年财产保险公司风险管理能力排名与分析

风险管理能力指标由 10 个比率分析指标和 1 个数值指标构成。数据预处理后，我们根据 47 家人身险公司的 11 个二级指标数据，得到一个 47 ×11 数据矩阵；根据主成分分析方法，选取 7 个主成分，其累计解释率为 89.36%，每个主成分都是这 11 个二级指标的线性组合。

风险管理能力的评价结果如表 5 – 14 所示。

表 5 – 14 财产保险公司风险管理能力竞争力排名及得分

公司名称	排名	得分	公司名称	排名	得分
乐爱金	1	100.00	安联保险	18	73.99
现代财险	2	97.44	永诚财险	19	73.09
苏黎世	3	96.78	中银保险	20	71.64
太阳联合	4	96.24	平安财险	21	69.86
日本兴亚	5	94.47	华安财险	22	69.49
三星	6	94.12	安华农险	23	69.13
中煤财险	7	86.30	安信农业	24	67.92
美亚财险	8	85.59	英大财险	25	67.83
丰泰财险	9	84.13	国寿财险	26	63.65
中意财险	10	81.55	阳光财险	27	62.95
东京海上	11	81.49	阳光农业	28	62.52
国元农业	12	80.60	太平产险	29	62.05
紫金财险	13	78.18	大地保险	30	61.12
爱和谊	14	76.59	鼎和财险	31	59.88
三井住友	15	75.40	人保财险	32	59.71
日本财产	16	75.25	华农财险	33	59.19
信达财险	17	74.87	天平车险	34	58.57

续表

公司名称	排名	得分	公司名称	排名	得分
渤海财险	35	58.52	民安财险	42	52.50
国泰财险	36	58.03	长安责任	43	52.25
永安财险	37	57.73	大众财险	44	51.99
太保财险	38	57.63	华泰财险	45	50.81
安诚财险	39	56.83	中华联合	46	22.68
利宝保险	40	55.64	富邦财险	47	20.00
浙商财险	41	52.57			

从表5-14可以看出在乐爱金为100分的基准下，现代财险和苏黎世的得分依次是97.44和96.78。

参评的47家财产保险公司的风险管理能力的最高分是乐爱金（100分），最低分是富邦财险（20分），平均得分是68.5，大于平均得分的有23家，占比48.9%。

80分以上的公司有12家，占比25.5%，60～80分之间的有28家，占比59.6%；60分以下的有17家，占比36.2%。

图5-5列明了财险市场上风险管理能力排名的前十的公司，其中，乐爱金得分100，与前6名公司的得分差距不明显；比第十名的中意财险高接近20分。

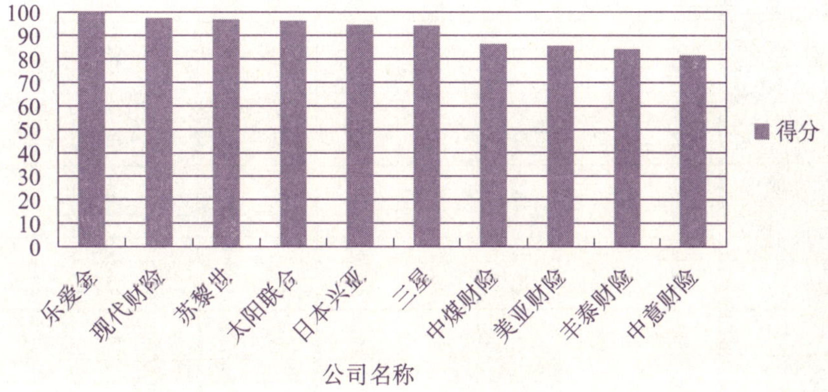

图5-5 风险管理能力排名前十的得分比较

（一）赢利能力排名前十的公司，其二级指标的得分与排名

为了便于对公司的实际经营情况进行比较，表5-15的数据和排名都是没有对数据进行正向或逆向处理前的情况。

表 5－15　　风险管理能力排名前十的财产保险公司，其二级指标的排名及得分

风险管理能力	偿付能力充足率		流动性比率		融资比例		现金盈余保障倍数		自留比率		单位保费保额		未决赔款准备金充足率		自留保费占净资产比		自留保费增长率		应收保费率		保险负债占总资产比	
公司	排名	得分	排名	得分	排名	得分	排名	得分	排名	得分	排名	公司	排名	得分	排名	得分	排名	得分	排名	得分	排名	得分
乐爱金	2	97.9	10	59.0	25	99.8	36	56.9	43	28.6	46	20.0	17	30.3	45	84.9	12	42.4	2	82.7	7	73.9
现代财险	6	46.6	9	60.5	36	99.7	1	100	1	100	25	30.4	4	62.4	18	90.3	17	38.6	11	60.0	43	36.0
苏黎世	11	37.9	25	45.8	43	99.7	15	61.9	45	28.3	6	60.4	2	82.6	40	85.9	11	43.1	1	100	42	36.4
太阳联合	3	71.1	4	66.1	26	99.8	40	53.9	42	36.2	14	42.5	6	50.7	44	85.2	30	36.2	10	63.1	8	73.0
日本兴亚	1	100	19	52.2	37	99.7	42	50.5	38	48.8	11	47.6	12	32.6	46	84.8	14	41.6	17	44.1	1	100
三星	4	70.8	12	57.1	27	99.8	17	61.7	46	25.5	20	35.5	14	31.6	43	85.2	41	32.0	5	73.2	24	55.9
中煤财险	18	28.3	3	72.5	18	99.8	24	60.3	15	59.8	43	21.8	41	23.3	31	87.62	47	20	3	78.2	15	64.8
美亚财险	23	25.6	24	46.9	32	99.7	20	60.9	39	48.5	1	100	10	34.7	28	88.3	25	36.9	13	58.2	22	57.3
丰泰财险	16	29.2	23	49.5	31	99.7	9	64.9	44	28.4	17	36.6	3	72.3	37	86.8	21	37.4	6	70.9	38	39.2
中意财险	33	23.1	45	31.3	34	99.7	38	55.8	41	42.7	13	45.0	1	100	32	87.6	45	28.8	4	74.8	46	23.3

在风险管理能力排名前十的公司中，除了排名第七的中煤财险外，其余9家公司都是外资保险公司，这说明外资保险公司的风险管理的意识和能力都比较强。

整体来看，这9家外资保险公司在偿付能力充足率、未决赔款准备金充足率、流动性比率（除了中意财险）和应收保费率上，排名都靠前；而在自留比率（除了现代财产）、融资比例、自留保费占净资产比等指标上的排名和得分比较低。外资保险公司在这些指标上的表现反映了外资保险公司的风险管理意识和能力。

乐爱金的风险管理能力排名第一。其在风险管理能力排名上的优秀成绩主要得益于在偿付能力充足率（第二名，97.9分）、应收保费率（第二名，82.7分）和保险负债占总资产比（第七名，73.9分）指标上的表现。

现代财险的风险管理能力排名第二。它在现金盈余保障倍数（100分）、自留比率（100分）、偿付能力充足率（第六名，46.6分）、流动性比率（第九名，60.5分）和未决赔款准备金充足率（第四名，62.4分）排名靠前；它在融资比例和保险负债占总资产比上的排名靠后。

苏黎世的风险管理能力排名第三。它在应收保费率（第一名，100分）、未决赔款准备金充足率（第二名，82.6分）、单位保费保额（第六名，60.4分）指标上的表现突出。

作为风险管理能力排名前十的公司中，唯一一家中资企业——中煤财险，排名第七。该公司主要是在流动性比率（第三名，72.5分）和应收保费率（第三名，78.2分）指标上的良好表现。

（二）风险管理能力下，各二级指标排名前十的财产公司及其得分（表5-16）

表5-16列明了风险管理能力指标下各二级指标排名前十的公司及其得分，主要反映保险公司风险管理能力的整体状况。

从表5-16可以看出，这些公司在融资比例、自留保费占净资产比上的差距不明显，前十名公司之间的得分差距不超过8分。融资比例反映了公司的经营成本。

偿付能力充足率指标前十家公司中，外资占了8家，中资只有两家（第七名的安诚财险和第十名的信达财险），而信达财险的偿付能力充足率达到了754.9%，显然外资保险公司保留了过多的偿付能力充足率。

流动性比率反映了公司偿还短期债务的能力。流动性比率指标排名第一的是信达财险，第十名是乐爱金（得分59.04分），中资保险公司略占优势。

现金盈余保障倍数反映报告期净利润中现金收益的保障程度，现代财险和紫金财险（94.5分）分列第一名、第二名，差距不大；排名第三的是国寿财险，得分是78.45分，与前两名有一定差距。

表 5 - 16　　风险管理能力下，各二级指标排名前十的财产公司及得分

二级指标	偿付能力充足率	流动性比率	融资比例	现金盈余保障倍数	自留比率	单位保费保额	未决赔款准备金充足率	自留保费占净资产比	自留保费增长率	应收保费率
排名	公司（得分）	公司（得分）	公司（得分）	公司（得分）	公司（得分）	公司（得分）	公司（得分）	公司（得分）	公司（得分）	公司（得分）
1	日本兴亚（100）	信达财险（100）	阳光农业（100）	现代财险（100）	现代财险（100）	美亚财险（100）	中意财险（100）	太平产险（100）	富邦财险（100）	苏黎世（100）
2	乐爱金（97.99）	永诚财险（74.07）	渤海财险（99.96）	紫金财险（94.50）	安华农险（63.20）	中银保险（96.95）	苏黎世（82.62）	人保财险（98.78）	华泰财险（80.59）	乐爱金（82.65）
3	太阳联合（71.13）	中煤财险（72.47）	中华联合（99.89）	国寿财险（78.45）	华安财险（63.13）	国元农业（65.54）	丰泰财险（72.30）	平安财险（96.09）	国泰财险（59.48）	中煤财险（78.22）
4	三星（70.83）	太阳联合（66.12）	人保财险（99.89）	英大财险（70.12）	浙商财险（63.12）	华安财险（64.25）	现代财险（62.39）	阳光财险（94.88）	信达财险（57.33）	中意财险（74.83）
5	爱和谊（58.31）	华农财险（65.89）	华泰财险（99.86）	太平产险（69.33）	永安财险（62.94）	东京海上（60.51）	安联保险（52.60）	国寿财险（94.78）	英大财险（52.80）	三星（73.21）
6	现代财险（46.64）	安华农险（65.12）	信达财险（99.85）	国元农业（68.20）	安诚财险（62.56）	苏黎世（60.41）	太阳联合（50.73）	永安财险（93.53）	紫金财险（46.49）	丰泰财险（70.95）
7	安诚财险（40.88）	民安财险（63.14）	民安财险（99.83）	鼎和财险（66.31）	华农财险（62.35）	三井住友（51.12）	爱和谊（37.53）	长安责任（93.43）	华农财险（46.33）	安联保险（66.43）
8	苏黎世（37.89）	阳光农业（61.02）	大地保险（99.83）	三井住友（66.12）	阳光财险（61.83）	日本财产（50.38）	国泰财险（34.86）	大地保险（93.17）	国寿财险（44.47）	东京海上（65.76）
9	富邦财险（37.03）	现代财险（60.45）	长安责任（99.82）	丰泰财险（65.00）	渤海财险（61.58）	永诚财险（49.09）	日本财产（34.83）	天平车险（92.77）	中银保险（43.84）	三井住友（63.81）
10	信达财险（32.34）	乐爱金（59.04）	永诚财险（99.81）	中银保险（63.57）	阳光农业（61.42）	平安财险（47.92）	美亚财（34.72）	太保财险（92.58）	利宝保险（43.20）	太阳联合（63.15）

自留比率指标除了排名第一的现代财险，其余9家公司都是中资保险公司，显然中资保险公司习惯于把更多的保费收入自留，风险也更多的留给了自己。

单位保费保额是保险费率的倒数，反映了保险公司的产品质量和费率厘定水平。单位保费保额越高，说明保险费率越低，其产品越具有竞争力，承受市场风险的能力就越强。此项指标排名第一的是美亚财险（100分），中银保险以96.95分紧随其后；其余8家公司的得分从国元农业的65.54分到平安财险的47.92分，与前两名差距比较明显。

未决赔款准备金充足率是考察公司风险能力的一个重要指标。排名前十的公司都是外资保险公司，比较明显的反映出了外资保险公司的风险管理意识和水平。

与上一个指标相对应的，自留保费占净资产比排名前十的都是中资保险公司。说明中资保险公司的再保险能力和意识方面有待加强。

自留保费增长率反映了从2011年度到2012年度之间，公司自留保费的增长速度。除了排名第一的富邦财险和第十名的利宝保险之外，其余8家公司都是中资保险公司，这说明中资保险公司在2012年度保留了更多的自留保费份额。

应收保费是保险公司应收而未收的保险费，大量积累可导致高风险。应收保费率排名前十的公司中，除了排名第三的中煤财险外，其余9家公司都是外资保险公司。应收保费率的过高是外资保险公司不可忽视的风险因素，此项指标排名第一的是苏黎世。

（三）风险管理能力结构的模糊聚类分析

根据保险公司在这些指标上的得分，运用模糊聚类方法分析各公司之间的相似程度，为各公司之间的风险管理能力比较提供一个新的方法和视角（表5－17）。

表5－17　风险管理能力排名前10的公司的模糊聚类等价分析矩阵

	乐爱金	现代财险	苏黎世	太阳联合	日本兴亚	三星	中煤财险	美亚财险	丰泰财险	中意财险
乐爱金	1.00	0.52	0.61	0.67	0.52	0.67	0.47	0.57	0.61	0.59
现代财险	0.52	1.00	0.52	0.52	0.52	0.52	0.47	0.52	0.52	0.52
苏黎世	0.61	0.52	1.00	0.61	0.52	0.61	0.47	0.57	0.64	0.59
太阳联合	0.67	0.52	0.61	1.00	0.52	0.70	0.47	0.57	0.61	0.59
日本兴亚	0.52	0.52	0.52	0.52	1.00	0.52	0.47	0.52	0.52	0.52
三星	0.67	0.52	0.61	0.70	0.52	1.00	0.47	0.57	0.61	0.59
中煤财险	0.47	0.47	0.47	0.47	0.47	0.47	1.00	0.47	0.47	0.47
美亚财险	0.57	0.52	0.57	0.57	0.52	0.57	0.47	1.00	0.57	0.57
丰泰财险	0.61	0.52	0.64	0.61	0.52	0.61	0.47	0.57	1.00	0.59
中意财险	0.59	0.52	0.59	0.59	0.52	0.59	0.47	0.57	0.59	1.00

从表5－17可以看出，处于主对角线上的值都取1，显然各个公司和自己的相似与贴近程度为100%。从此矩阵可以看出，整体得分都较低，说明这些公司之间在风险管理能力上具有很强的差异性，可比性很低。

风险管理能力排名第一的乐爱金与其他公司的聚类得分介于0.67到0.47之间。乐爱金与三星的相似程度为0.67，乐爱金与中煤财险的相似程度为0.47，因此，相比较而言，乐爱金与三星在风险管理能力和观念上显然更具有可比性。

此矩阵中得分最高的是太阳联合与三星之间，它们的相似度得分是0.70，这十家公司中，这两家公司的风险管理能力最具有可比性。

在风险管理能力排名前十公司中，唯一一家中资公司中煤财险与其余九家外资保险公司的相似度得分是0.47分，这也是矩阵中的最低分。因此，中煤财险的风险管理能力和表现与其余9家公司可比性是最低的。

从此矩阵也可以看出，尽管外资保险公司在风险管理能力前十名中占有优势，但是它们之间的相似程度并不高。这从一个侧面也说明，在风险管理能力上面，外资保险公司还没有找到一个比较统一的、可行的方法进行科学管理，还处于探索过程之中。

六、2012年财产保险公司发展潜力排名与分析

保险公司发展潜力由4个比率分析指标和6个数值指标，共10个指标构成。数据预处理后，我们根据47家人身险公司的这10个二级指标数据，得到一个47×10数据矩阵；根据主成分分析方法，选取5个主成分，其累计解释率为90.11%。显然这5个主成分比较充分地说明保险公司的发展潜力，每个主成分都是这10个二级指标的线性组合。其评价结果如表5－18所示。

表5－18 财产保险公司发展潜力竞争力排名及得分

公司名称	排名	得分	公司名称	排名	得分
信达财险	1	100.00	太保财险	9	54.24
人保财险	2	83.72	长安责任	10	49.80
阳光农业	3	78.33	民安财险	11	49.44
英大财险	4	73.14	天平车险	12	47.68
平安财险	5	68.36	太平产险	13	46.35
中华联合	6	63.91	利宝保险	14	45.07
华泰财险	7	57.46	阳光财险	15	44.50
国寿财险	8	56.81	富邦财险	16	44.25

续表

公司名称	排名	得分	公司名称	排名	得分
渤海财险	17	42.78	东京海上	33	28.50
苏黎世	18	41.35	鼎和财险	34	27.81
国元农业	19	40.86	美亚财险	35	27.52
安联保险	20	40.49	华农财险	36	27.22
中银保险	21	39.20	乐爱金	37	26.55
大地保险	22	38.85	日本财产	38	26.27
永诚财险	23	38.10	国泰财险	39	25.72
三星	24	35.40	安华农险	40	25.32
紫金财险	25	34.97	中意财险	41	24.92
浙商财险	26	34.35	安诚财险	42	23.71
丰泰财险	27	34.34	日本兴亚	43	22.69
华安财险	28	34.25	太阳联合	44	22.45
三井住友	29	32.85	大众财险	45	21.39
永安财险	30	31.77	爱和谊	46	21.04
现代财险	31	31.25	中煤财险	47	20.00
安信农业	32	30.53			

从表5－18可以看出，财险市场上发展潜力排名前三的公司依次是信达财险、人保财险和阳光农业。在信达财险为100分的基准下，人保财险和阳光农业的得分依次是83.72和78.33。

参评的47家财产保险公司的发展潜力的最高分是信达财险（100分），最低分是中煤财险（20.00分），平均得分是40.76，标准差是17.8，大于平均得分的有19家，占比40.4%。

80分以上的公司共有2家，占比4.3%，60～80分之间的有4家，占比8.5%，60分以下的有41家，占比87.2%。

图5－6列明了发展潜力排名前十的公司。从图中可以看出信达财险的发展潜力是100分，明显高于其他公司；人保财险、阳光农业、英大财险紧随其后，但都在90分之下，剩余的6家公司的发展潜力得分均处在50～70分之间，差别不是很明显。

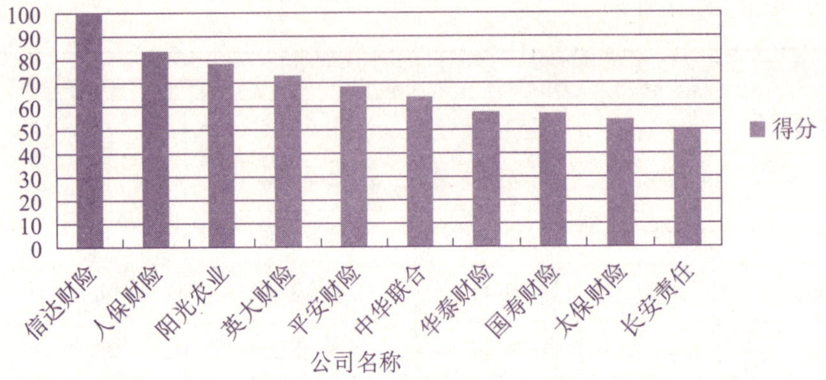

图5－6 发展潜力前10名的财产保险公司得分比较

（一）发展潜力排名前十的公司，各项指标排名与得分（表5－19）

表5－19具体分析了发展潜力排名前十的财险公司的情况，即发展潜力体系下的10个二级指标的具体得分及排名。在此表中，亿元保费投诉量没有进行逆向处理，因此，排名靠前，说明亿元保费投诉量越高，消费者评价越差。

信达财险在发展潜力竞争力上排名第一，主要是由于该公司在保险业务收入增长率（第三名，51.6分）、总资产增长率（第一名，100分）、净资产增长率（第一名，100分）、资本金增长率（第二名，100分）和人均产能（第四名，35.6分）上的优秀表现。

人保财险作为最大的财产保险公司，其发展潜力排名第二，实属不易。它在指标发展系数（第一名，100分）、市场拓展能力（第二名，82.6分）和分支机构数目（第三名，90分）方面有突出的表现。

阳光农业的发展潜力排名第三，主要是该公司的市场拓展能力排名第一（100分）。但是该公司的承保潜力在47家公司中排名最差。

英大财险的发展潜力排名第四，该公司除了在承保潜力的排名和表现不尽如人意之外，在其他9项指标方面的表现都不错。

平安财险的发展潜力排名第五，主要是该公司的发展潜力指标上的均衡和积极的表现。该公司除了承保潜力排名较低外（第四十五名，64.8分），其他9项指标都在中游以上。

中华联合的净资产增长率排名最差，其他各项指标表现都还不错。

华泰财险的各项指标都比较均衡。太保财险在发展系数、市场拓展能力和分支机构数目指标上有优良的表现。长安责任的发展潜力排名第十，它在发展系数和保险业务收入增长率方面表现不尽如人意，其他各项指标表现还不错。

（二）发展潜力下，各个二级指标排名与得分前十的公司（表5－20）

表 5－19 发展潜力排名前十的财产公司及其各项指标排名与得分

发展潜力指标	发展系数		保险业务收入增长率		总资产增长率		净资产增长率		资本金增长率		市场拓展能力		人均产能		承保潜力		分支机构数目		亿元保费投诉量	
公司	排名	得分	排名	得分	排名	得分	排名	得分	排名	得分	排名	得分	排名	得分	排名	得分	排名	得分	排名	得分
信达财险	12	7.8	3	51.6	1	100	1	100	2	100	33	3.5	4	35.6	13	95.8	17	47.5	7	37.5
人保财险	1	100	30	18.1	35	9.4	11	33.5	17	23.1	2	83.6	13	19.3	46	54.5	3	90.0	29	11.0
阳光农业	16	4.6	15	26.6	12	18.8	10	34.8	17	11.8	1	100	24	11.7	47	0.0	39	2.5	35	1.0
英大财险	7	11.8	4	39.4	5	28.6	22	30.8	17	9.9	15	12.0	1	100	35	81.2	15	52.5	30	7.5
平安财险	2	79.7	20	20.9	16	17.1	15	32.3	17	7.7	5	30.3	16	17.6	45	64.8	1	100	21	16.3
中华联合	5	19.9	22	20.4	2	50.3	47	0.0	1	5.8	18	8.3	36	7.4	29	87.0	13	57.5	28	12.3
华泰财险	6	19.9	2	83.4	24	11.7	9	37.3	9	5.8	10	14.2	23	12.7	36	80.0	8	72.5	19	18.4
国寿财险	4	37.8	9	30.4	10	22.8	21	30.9	17	3.9	8	15.0	7	28.3	40	74.7	15	52.5	22	16.1
太保财险	3	41.9	28	18.8	38	6.7	32	29.0	17	3.9	4	38.4	19	15.5	41	73.8	1	100	26	13.1
长安责任	44	1.5	41	14.2	3	44.8	3	63.0	5	3.9	25	6.0	37	7.1	23	90.4	23	27.5	11	29.5

表 5-20 发展潜力下，各二级指标排名前十的财产公司及得分

二级指标	发展系数	保险业务收入增长率	总资产增长率	净资产增长率	资本金增长率	市场拓展能力	人均产能	承保能力	分支机构数目	亿元保费投诉量
排名	公司（得分）	公司（得分）	公司（得分）	公司（得分）	公司（得分）	公司（得分）	公司（得分）	公司（得分）	公司（得分）	公司（得分）
1	人保财险（100）	富邦财险（100）	信达财险（100）	信达财险（100）	中华联合（100）	阳光农业（100）	英大财险（100）	日本兴亚（100）	平安财险（100）	利宝保险（100）
2	平安财险（79.74）	华泰财险（83.37）	中华联合（50.25）	民安财险（85.08）	信达财险（23.08）	人保财险（83.56）	安联保险（61.79）	乐爱金（99.79）	太保财险（100）	渤海财险（60.12）
3	太保财险（41.89）	信达财险（51.56）	长安责任（44.83）	长安责任（62.99）	民安财险（11.76）	天平车险（38.71）	苏黎世（48.05）	太阳联合（99.64）	人保财险（90.00）	天平车险（49.87）
4	国寿财险（37.78）	英大财险（39.39）	利宝保险（37.50）	利宝保险（52.05）	利宝保险（9.90）	太保财险（38.42）	信达财险（35.62）	爱和谊（98.96）	阳光财险（90.00）	阳光财险（46.62）
5	中华联合（19.88）	国泰财险（38.20）	英大财险（28.59）	渤海财险（50.27）	长安责任（7.74）	平安财险（30.34）	三星（31.42）	安联保险（98.65）	大地保险（87.50）	国泰财险（41.50）
6	华泰财险（19.86）	紫金财险（32.66）	现代财险（28.44）	浙商财险（40.73）	浙商财险（5.77）	阳光财险（28.84）	丰泰财险（29.85）	苏黎世（98.55）	永诚财险（77.50）	安诚财险（39.62）
7	英大财险（11.79）	华农财险（32.34）	民安财险（28.40）	太平产险（40.11）	华安财险（5.77）	太平产险（15.40）	国寿财险（28.30）	中意财险（98.31）	华安财险（75.00）	信达财险（37.50）
8	太平产险（11.62）	安联保险（30.93）	苏黎世（24.56）	永诚财险（38.05）	永诚财险（3.93）	国寿财险（14.97）	天平车险（28.27）	富邦财险（98.06）	华泰财险（72.50）	华安财险（31.62）
9	大地保险（10.00）	国寿财险（30.39）	富邦财险（23.57）	华泰财险（37.29）	华泰财险（3.85）	安华农险（14.45）	三井住友（25.31）	安诚财险（97.48）	太平产险（70.00）	华农财险（29.75）
10	阳光财险（8.47）	中银保险（30.05）	国寿财险（22.82）	阳光农业（34.84）	东京海上（3.85）	华泰财险（14.19）	国元农业（20.93）	三星（97.26）	中银保险（65.00）	富邦财险（29.62）

表 5 - 20 列出了发展潜力各项指标下排名前十的公司及得分，基本反映了财险业界的实际发展情况。

在发展潜力的 10 个二级指标中，除了承保能力指标排名前十公司的得分差距很小外，其他 9 个指标的各公司的得分差距都较大。

其中发展系数指标，人保财险与平安财险分列第一名、第二名，得分分别是 100 分和 79.94 分，其余 8 家公司的得分与这两家公司差距明显。

保险业务收入增长率指标，富邦财险排名第一。华泰财险以 83.37 分紧随其后，其他 8 家公司与这两家公司的差距也较大。

总资产增长率和净资产增长率指标排名第一的都是信达财险，排名第十的分别是国寿财险（22.82 分）和阳光农业（34.84 分）。

资本金增长率指标排名第一的是中华联合（100 分），而排名第二的信达财险得分仅仅是 23.08 分，中华联合遥遥领先于其他公司。

市场拓展能力排名第一的阳光农业和排名第二的人保财险（得分 83.56）差距不大，而排名第三的天平车险得分仅是 38.71 分，与前两名差距明显。

人均产能指标，英大财险占有比较明显的优势，排名第二的安联保费得分是 61.79 分，排名第十的国元农业得分是 20.93。

分支机构数目是指在省与经济单列市设立的分公司数目，排名前十的都是成立时间较长的中资保险公司。

亿元保费投诉量反映了公司的产品质量和服务管理水平，是一个逆向指标。取值最大的是利宝保险，其次是渤海财险（得分 60.12 分）。在前十家公司中，有 3 家是外资保险公司，7 家是中资保险公司，基本与中外资保险公司的比例相同，中外资保险公司在此项指标上的表现没有明显的区别。

（三）发展潜力的模糊聚类分析

聚类分析是数理统计中的一种多元分析方法，当聚类涉及事物之间的模糊界限时，需运用模糊聚类分析方法。

根据保险公司在这些指标上的得分，运用模糊聚类方法分析各公司之间的相似程度，为各公司之间发展潜力的比较提供一个新的方法和视角，此结果不是优劣评价（表 5 - 21）。

从表 5 - 21 可以看出，处于主对角线上的值都取 1，显然各个公司和自己的相似与贴近程度为 100%。在此矩阵中，除了主对角线外，取值介于 0.79 和 0.29 之间，得分不高且公司之间的差距明显。

发展潜力排名第一的信达财产与其他公司的近似程度介于 0.55 和 0.29，说明

表5-21 发展潜力排名前10的公司的模糊聚类分析等价矩阵

	信达财	人保财	阳光农业	英大财	平安财	中华联合	华泰财	国寿财	太保财	长安责任
信达财	1.00	0.53	0.29	0.53	0.53	0.53	0.53	0.53	0.53	0.55
人保财	0.53	1.00	0.29	0.62	0.72	0.66	0.61	0.65	0.72	0.53
阳光农业	0.29	0.29	1.00	0.29	0.29	0.29	0.29	0.29	0.29	0.29
英大财	0.53	0.62	0.29	1.00	0.62	0.62	0.61	0.62	0.62	0.53
平安财	0.53	0.72	0.29	0.62	1.00	0.66	0.61	0.65	0.79	0.53
中华联合	0.53	0.66	0.29	0.62	0.66	1.00	0.61	0.65	0.66	0.53
华泰财	0.53	0.61	0.29	0.61	0.61	0.61	1.00	0.61	0.61	0.53
国寿财	0.53	0.65	0.29	0.62	0.65	0.65	0.61	1.00	0.65	0.53
太保财	0.53	0.72	0.29	0.62	0.79	0.66	0.61	0.65	1.00	0.53
长安责任	0.55	0.53	0.29	0.53	0.53	0.53	0.53	0.53	0.53	1.00

信达财产与其他九家公司在发展潜力结构和方式上差别较大，相似程度较差，可比性较弱。

发展潜力排名第二的人保财险，与平安财险的相似程度最高，达到了0.72分，与阳光农业的相似度最低，是0.29分。

在此矩阵中，阳光农业与其他公司的近似程度得分均为0.29，得分最低，显然阳光农业的发展潜力与其他公司的发展潜力最没有可比性，相似程度在这十家公司之间也最低。

其他七家公司之间的相似程度都不高，介于0.66和0.53之间，可比性不高。

第三节 2012年中国财产险公司综合竞争力评价结果的稳健性检验

与人身险公司的稳健性检验类似，本文主要基于两种方式进行财产保险公司的稳健性分析。一是首先利用聚类分析，将保险公司分为2类；在排除掉一类公司（公司数目较少的一类）后，对另一类公司运用主成分分析的方法，进行竞争力评价的排名和得分，与这些公司在原来情况下的排名进行比较分析，从而得到保险公司竞争力排名主成分分析的稳健性分析。

二是利用聚类分析方法对评价指标进行分类，并剔除掉指标较少的类别后，运用余下的指标对保险公司竞争力进行主成分分析，得到的排名与原来的排名进行对比，从而完成稳健性分析。

一、剔除部分公司后，保险公司竞争力评价的稳健性检验

为了便于剔除公司和提高稳健性分析结果的有效性，首先运用聚类分析方法将

47 家财产保险公司分为 4 类。

根据前述方法，其树状图如图 5－7 所示。

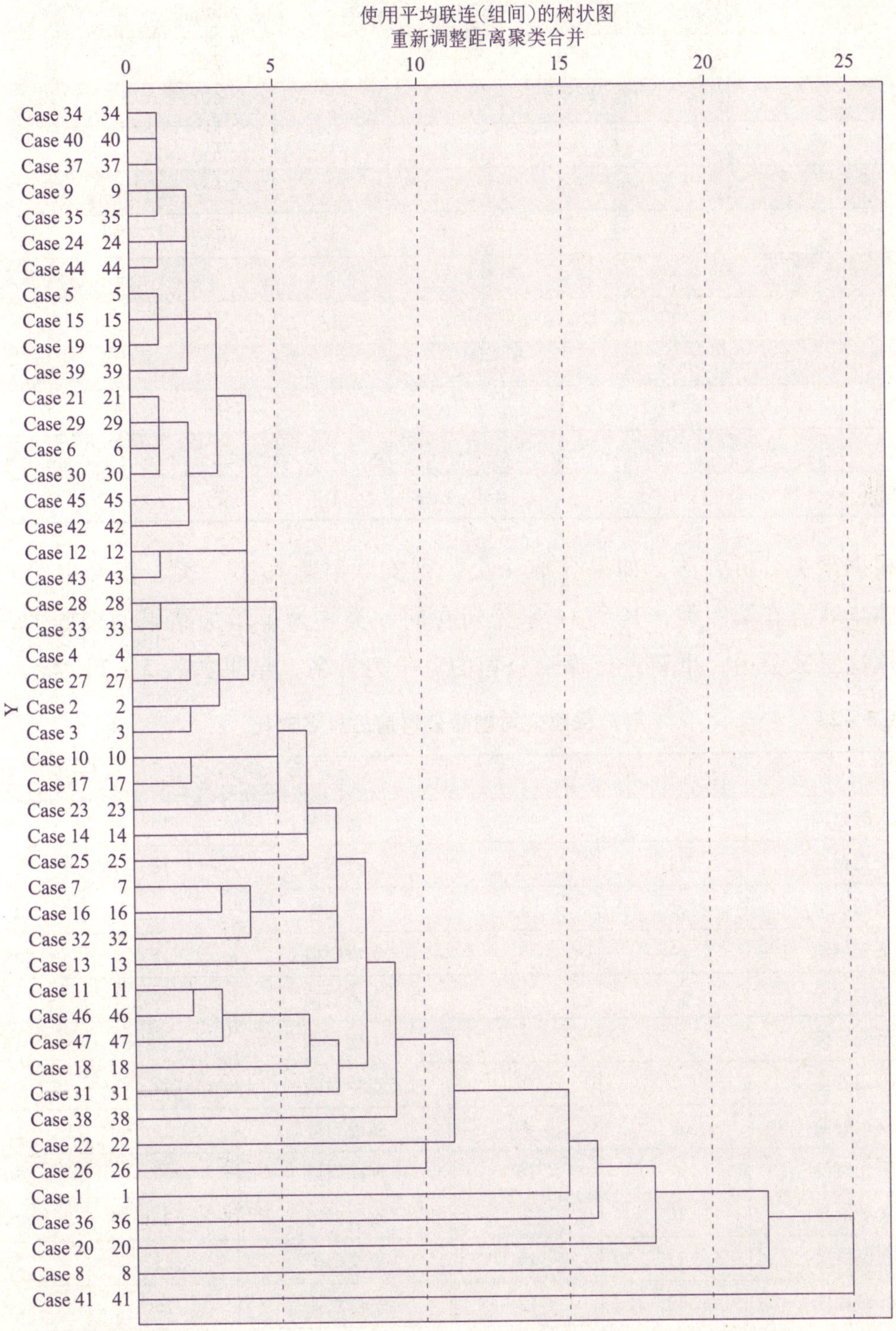

图 5－7 基于公司聚类分析的树状图

对公司进行聚类分析的结果如表5－22所示。

表5－22　　财产保险公司在聚类分析下分为两类结果

公司	人保财险	安诚财险	渤海财险	长安责任	大众财险	东京海上	丰泰财险	富邦财险
类别	1	1	1	1	1	2	1	2
公司	国寿财险	华农财险	乐爱金	美亚财险	现代财险	英大财险	浙商财险	中意财险
类别	1	1	1	1	1	1	1	1
公司	紫金财险	爱和谊	安华农险	安联保险	安信农业	国泰财险	国元农业	华安财险
类别	1	1	1	3	1	1	1	1
公司	华泰财险	利宝保险	民安财险	平安财险	日本财产	三井住友	三星	苏黎世
类别	1	1	1	1	1	1	1	1
公司	太保财险	太平产险	天平车险	信达财险	阳光财险	阳光农业	永安财险	大地保险
类别	1	1	1	1	1	1	1	2
公司	中华联合	中煤财险	中银保险	永诚财险	鼎和财险	太阳联合	日本兴亚	
类别	4	1	1	1	1	1		

根据聚类分析方法，如果分成4类，则安联财险在第三类，富邦财险在第二类，中华联合在第四类，其余44家公司在同一类。为了增加结果的说服力，我们删除掉这三家公司，重新进行保险公司的竞争力排名，结果如表5－23所示。

表5－23　　财产保险公司剔除公司前后排名对比

公司	原来排名	新的排名	公司	原来排名	新的排名
人保财险	1	3	渤海财险	15	20
华泰财险	2	6	大地保险	16	17
阳光农业	3	8	民安财险	17	16
平安财险	4	5	华农财险	18	19
英大财险	5	1	永诚财险	19	15
国寿财险	6	7	中银保险	20	14
国元农业	7	2	安华农险	21	21
信达财险	8	4	浙商财险	22	22
阳光财险	9	10	现代财险	23	30
太平产险	10	9	永安财险	24	24
太保财险	11	13	华安财险	25	23
长安责任	12	12	安信农业	26	29
紫金财险	13	11	丰泰财险	27	28
天平车险	14	18	中煤财险	28	25

续表

公司	原来排名	新的排名	公司	原来排名	新的排名
美亚财险	29	26	乐爱金	37	35
安诚财险	30	37	日本财产	38	38
鼎和财险	31	36	三星	39	32
大众财险	32	33	苏黎世	40	41
三井住友	33	31	太阳联合	41	39
东京海上	34	27	日本兴亚	42	42
中意财险	35	34	国泰财险	43	44
利宝保险	36	40	爱和谊	44	43

在表5－23中，原始排名是指删除掉三家公司后，按照原来的顺序重新进行计算的排名；新排名是指删除三家公司后，重新运用主成分分析方法，对剩余的44家公司进行竞争力评价得到的排名。在表5－23容易看出，去掉三家产险公司后，在主成分分析法下，产险公司的排名变化并不是很大。

运用非参数检验来检验其分布是否来自同一总体，得到表5－24。

表5－24　　　　Wilcoxon带符号秩检验

秩

		N	秩均值	秩和
VAR00002—VAR00001	负秩	18[a]	20.83	375.00
	正秩	20[b]	18.30	366.00
	结	6[c]		
	总数	44		

a. VAR00002 < VAR00001。

b. VAR00002 > VAR00001。

c. VAR00002 = VAR00001。

表5－25　　　　剔除部分公司后的非参数检验结果

检验统计量[a]

	VAR00002—VAR00001
Z	-.066[b]
渐近显著性（双侧）	.948
精确显著性（双侧）	.948
精确显著性（单侧）	.474
点概率	.002

a. Wilcoxon带符号秩检验。

b. 基于正秩。

由表5-25的结果可得，使用“精确”方法计算的双侧显著性水平为0.948，远远大于0.05，在排除三家公司后进行主成分法公司排名的结果与公司原始排名的结果差异不显著。即可以认为两个样本来自于同一总体，具有相同的总体分布。再次证明课题组评价结果的稳健性是没有问题的。

二、剔除部分指标后，保险公司竞争力评价的稳健性检验

首先利用聚类分析将所有指标分为两类，剔除指标较少的类别，然后对保险公司竞争力的评价结果进行稳健性检验。

对财产保险公司竞争力评价指标进行聚类分析（图5-8）。

从图5-8可以看出，如果分为4类时，报告期营业收入为第三类，净利润为第二类，人均产能为第四类，运用其余47项指标重新进行公司的竞争力评价，并进行稳健性检验

根据表5-26的结果，运用wilcoxon符号秩检验，进行稳健性分析，主要结论如表5-27所示。

表5-26 财产保险公司剔除三个指标后，竞争力评价结果的比较

公司名称	原始排名	新的排名	公司名称	原始排名	新的排名
人保财险	1	7	永安财险	25	27
华泰财险	2	1	华安财险	26	21
阳光农业	3	9	安信农业	27	31
平安财险	4	15	丰泰财险	28	29
英大财险	5	4	中煤财险	29	30
国寿财险	6	6	美亚财险	30	25
国元农业	7	16	安诚财险	31	37
信达财险	8	3	鼎和财险	32	33
阳光财险	9	10	大众财险	33	32
太平产险	10	12	三井住友	34	34
太保财险	11	20	东京海上	35	35
长安责任	12	22	中意财险	36	38
紫金财险	13	5	利宝保险	37	18
天平车险	14	14	乐爱金	38	41
渤海财险	15	17	日本财产	39	36
富邦财险	16	2	三星	40	42
大地保险	17	19	苏黎世	41	43
民安财险	18	23	太阳联合	42	39
华农财险	19	11	中华联合	43	47
永诚财险	20	13	日本兴亚	44	44
中银保险	21	8	国泰财险	45	40
安华农险	22	24	安联保险	46	45
浙商财险	23	26	爱和谊	47	46
现代财险	24	28			

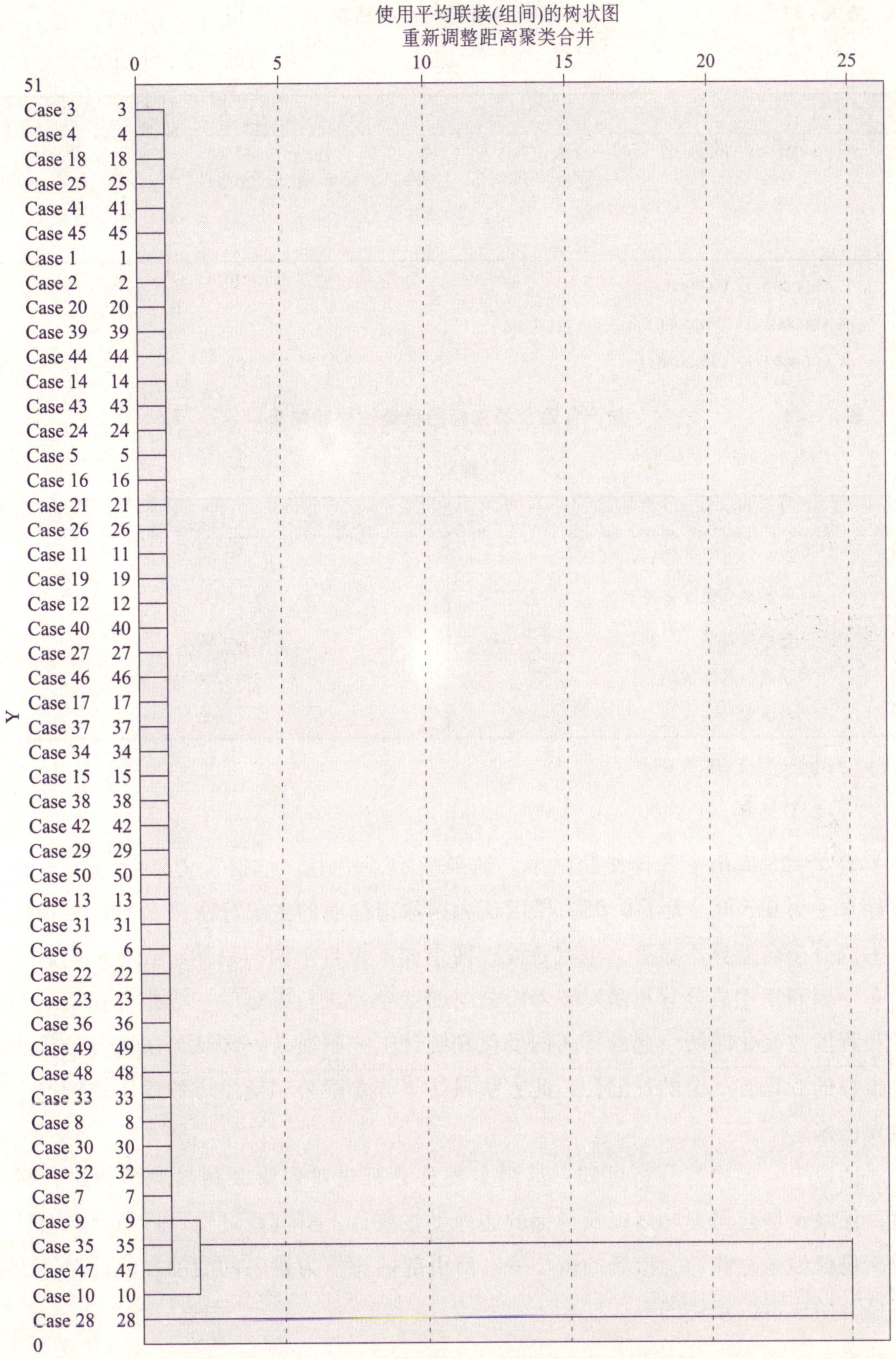

图 5－8 基于指标的聚类分析树状图

表 5－27　　Wilcoxon 带符号秩检验

秩

		N	秩均值	秩和
VAR00002—VAR00001	负秩	17[a]	23.35	397.00
	正秩	25[b]	20.24	506.00
	结	5[c]		
	总数	47		

a. VAR00002 < VAR00001。

b. VAR00002 > VAR00001。

c. VAR00002 = VAR00001。

表 5－28　　财产保险公司指标的稳健性检验结果

检验统计量[a]

	VAR00002—VAR00001
Z	－.683[b]
渐近显著性（双侧）	.495
精确显著性（双侧）	.500
精确显著性（单侧）	.250
点概率	.002

a. Wilcoxon 带符号秩检验。

b. 基于正秩。

表 5－28 列出了统计检验结果。结果显示，使用“精确”方法计算的双侧显著性水平为 0.500，大于 0.05，所以认为剔除指标前的主成分法排名与提出指标后的主成分排名差异不显著，也就是说，两个样本来自于同一总体，具有相同的总体分布。则利用主成分分析法对非寿险公司的竞争力进行排名时，当指标在特定的范围和程度内变化时所引起的排名的变化在统计上并不显著，即认为主成分分析法对于指标的变化有一定的稳健性，此方法抓住了非寿险公司竞争力的稳定的特征，并表现出来。

由以上一系列的分析可知，运用主成分分析法对保险公司的竞争力进行排名时，保险市场公司参与度以及指标的选择上在统计上有其稳健性。即从市场总体来看，稳健性是存在的，市场的微小变动所引起的竞争力排名的变动在统计意义上是不显著的，可以接受的。

附录：
保险公司信息披露管理办法

第一章　总　　则

第一条　为了规范保险公司的信息披露行为，保障投保人、被保险人和受益人的合法权益，促进保险业健康发展，根据《中华人民共和国保险法》等法律、行政法规，制定本办法。

第二条　本办法所称保险公司，是指经保险监督管理机构批准设立，并依法登记注册的商业保险公司。

本办法所称信息披露，是指保险公司向社会公众公开其经营管理相关信息的行为。

第三条　保险公司信息披露应当遵循真实、准确、完整、及时、有效的原则，不得有虚假记载、误导性陈述和重大遗漏。

保险公司信息披露应当尽可能使用通俗易懂的语言。

第四条　保险公司应当按照法律、行政法规和中国保险监督管理委员会（以下简称中国保监会）的规定进行信息披露。

保险公司可以在法律、行政法规和中国保监会规定的基础上披露更多信息。

第五条　中国保监会根据法律和国务院授权，对保险公司的信息披露行为进行监督管理。

第二章　信息披露的内容

第六条　保险公司应当披露下列信息：

（一）基本信息；

（二）财务会计信息；

（三）风险管理状况信息；

（四）保险产品经营信息；

（五）偿付能力信息；

（六）重大关联交易信息；

（七）重大事项信息。

第七条 保险公司披露的基本信息应当包括公司概况和公司治理概要。

第八条 保险公司披露的公司概况应当包括下列内容：

（一）法定名称及缩写；

（二）注册资本；

（三）注册地；

（四）成立时间；

（五）经营范围和经营区域；

（六）法定代表人；

（七）客服电话和投诉电话；

（八）各分支机构营业场所和联系电话；

（九）经营的保险产品目录及条款。

第九条 保险公司披露的公司治理概要应当包括下列内容：

（一）近3年股东大会（股东会）主要决议；

（二）董事简历及其履职情况；

（三）监事简历及其履职情况；

（四）高级管理人员简历、职责及其履职情况；

（五）公司部门设置情况；

（六）持股比例在5%以上的股东及其持股情况。

第十条 保险公司披露的上一年度财务会计信息应当与经审计的年度财务会计报告保持一致，并包括下列内容：

（一）财务报表，包括资产负债表、利润表、现金流量表和所有者权益变动表；

（二）财务报表附注，包括财务报表的编制基础，重要会计政策和会计估计的说明，重要会计政策和会计估计变更的说明，或有事项、资产负债表日后事项和表外业务的说明，对公司财务状况有重大影响的再保险安排说明，企业合并、分立的说明，以及财务报表中重要项目的明细；

（三）审计报告的主要审计意见，审计意见中存在解释性说明、保留意见、拒绝表示意见或者否定意见的，保险公司还应当就此作出说明。

实际经营期未超过3个月的保险公司年度财务报告可以不经审计。

第十一条 保险公司披露的风险管理状况信息应当与经董事会审议的年度风险评估报告保持一致，并包括下列内容：

（一）风险评估，包括对保险风险、市场风险、信用风险和操作风险等主要风险的识别和评价；

（二）风险控制，包括风险管理组织体系简要介绍、风险管理总体策略及其执行情况。

第十二条 人身保险公司披露的产品经营信息是指上一年度保费收入居前5位的保险产品经营情况，包括产品的保费收入和新单标准保费收入。

第十三条 财产保险公司披露的产品经营信息是指上一年度保费收入居前5位的商业保险险种经营情况，包括险种名称、保险金额、保费收入、赔款支出、准备金、承保利润。

第十四条 保险公司披露上一年度的偿付能力信息应当包括下列内容：

（一）公司的实际资本和最低资本；

（二）资本溢额或者缺口；

（三）偿付能力充足率状况；

（四）相比报告前一年度偿付能力充足率的变化及其原因。

保险公司偿付能力充足率不足的，应当说明原因。

第十五条 保险公司披露的重大关联交易信息应当包括下列内容：

（一）交易对手；

（二）定价政策；

（三）交易目的；

（四）交易的内部审批流程；

（五）交易对公司本期和未来财务及经营状况的影响；

（六）独立董事的意见。

重大关联交易的认定和计算，应当符合中国保监会的有关规定。

第十六条 保险公司有下列重大事项之一的，应当披露相关信息并作出简要说明：

（一）控股股东或者实际控制人发生变更；

（二）更换董事长或者总经理；

（三）当年董事会累计变更人数超过董事会成员人数的三分之一；

（四）公司名称、注册资本或者注册地发生变更；

（五）经营范围发生重大变化；

（六）合并、分立、解散或者申请破产；

（七）撤销省级分公司；

（八）偿付能力出现不足或者发生重大变化；

（九）重大战略投资、重大赔付或者重大投资损失；

（十）保险公司或者其董事长、总经理因经济犯罪被判处刑罚；

（十一）重大诉讼或者重大仲裁事项；

（十二）保险公司或者其省级分公司受到中国保监会的行政处罚；

（十三）更换或者提前解聘会计师事务所；

（十四）中国保监会规定的其他事项。

第三章　信息披露的方式和时间

第十七条　保险公司应当建立公司互联网站，按照本办法的规定披露相关信息。

第十八条　保险公司应当在公司互联网站披露公司的基本信息。

公司基本信息发生变更的，保险公司应当自变更之日起10个工作日内更新。

第十九条　保险公司应当制作年度信息披露报告，年度信息披露报告应当包括本办法第六条第（二）项至第（五）项规定的内容。

保险公司应当在每年4月30日前在公司互联网站和中国保监会指定的报纸上发布年度信息披露报告。

第二十条　保险公司发生本办法第六条第（六）项、第（七）项规定事项之一的，应当自事项发生之日起10个工作日内编制临时信息披露报告，并在公司互联网站上发布。

第二十一条　保险公司不能按时进行信息披露的，应当在规定披露的期限届满前，在公司互联网站公布不能按时披露的原因以及预计披露时间。

保险公司延迟披露的时间不得迟于规定披露期限届满后的第20个工作日。

第二十二条　保险公司的互联网站应当保留最近5年的公司年度信息披露报告和最近3年的临时信息披露报告。

第二十三条　保险公司在公司互联网站和中国保监会指定报纸以外披露信息的，其内容不得与公司互联网站和中国保监会指定报纸披露的内容相冲突，且不得早于公司互联网站和中国保监会指定报纸的披露时间。

第四章　信息披露的管理

第二十四条　保险公司应当建立信息披露管理制度并报中国保监会。保险公司的信息披露管理制度应当包括下列内容：

（一）信息披露的内容和基本格式；

（二）信息的审核和发布流程；

（三）信息披露事务的职责分工、承办部门和评价制度；

（四）责任追究制度。

第二十五条　保险公司董事会秘书负责管理公司信息披露事务。未设董事会的保险公司，应当指定公司高级管理人员管理信息披露事务。

保险公司应当将董事会秘书或者指定的高级管理人员、承办信息披露事务的部门的联系方式报中国保监会。

第二十六条　保险公司应当在公司互联网站主页的显著位置设置信息披露专栏。

第二十七条　保险公司应当加强公司互联网站建设，维护公司互联网站安全，方便社会公众查阅信息。

第二十八条　保险公司应当使用中文进行信息披露。同时披露外文文本的，中、外文文本内容应当保持一致；两种文本不一致的，以中文文本为准。

第五章　附　　则

第二十九条　中国保监会对保险产品经营信息和其他信息的披露另有规定的，从其规定。

第三十条　保险集团公司、政策性保险公司以及再保险公司不适用本办法，但经营直接保险业务的保险集团公司除外。

经营直接保险业务的外国保险公司分公司参照适用本办法。

第三十一条　上市保险公司按照上市公司信息披露的要求已经披露本办法规定的有关信息的，可免予重复披露。

第三十二条　本办法由中国保监会负责解释。

第三十三条　本办法自2011年6月12日起施行。

附录：
公司名称及其简称

2.1 人身险公司英文名称、及其中文简称

人身险公司（English name of life Insurance Company）	人身险公司（Chinese Name of life Insurance Company）
China Life Insurance CO. Ltd	国寿股份
China Pacific Insurance CO. Ltd	太平洋人寿
Ping An Life Insurance Company Of China	平安人寿
New China Life Insurance Company	新华人寿
Taikang Life Insurance Company	泰康人寿
Taiping Life Insurance Company	太平人寿
Tianan Life Insurance Company	天安人寿
Mingsheng Life Insurance Company	民生人寿
Sino Life Insurance Company	生命人寿
Ping An Pension Insurance Company	平安养老
Union Life Insurance Company	合众人寿
Hua Xia Life Insurance Company	华夏人寿
Dragon Life Insurance Company	正德人寿
Sinatay Life Insurance Company	信泰人寿
Jiahe Life Insurance Company	嘉禾人寿
Greatwall Life Insurance Company	长城人寿
PICC Life Insurance Company	人保寿险

续表

人身险公司（English name of life Insurance Company）	人身险公司（Chinese Name of life Insurance Company）
Guohua Life Insurance Company	国华人寿
Yingda Life Insurance Company	英大人寿
Happy Life Insurance Company	幸福人寿
Sunshine Insurance Company	阳光人寿
Aeon Life Insurance Company	百年人寿
Manulife - Sinochem Insurance Company	中宏人寿
Pacific - Antai Life Insurance Company	太平洋安泰
Allianz China Life Insurance Company	中德安联
AXA - Minmetals Life Insurance Company	金盛人寿
Citic - prudential Life Insurance Company	信诚人寿
BoComm Life Insurance Company	交银康联
Generali China Life Insurance Company	中意人寿
Sun Life Everbright Life Insurance Company	光大永明
AIA Group Limited	友邦保险
ING - BOB Life Insurance Company	中荷人寿
AVIVA - COFCO Life Insurance Company	中英人寿
Aegon - Cnooc Company	海康人寿
CIGNA&CMC Life Insurance Company	招商信诺
Nissay - Greatwall Life Insurance Company	长生人寿
Heng An Standard Life Insurance Company	恒安标准
Sino - US Metlife insurance Company	中美人都会
Sino - French Life Insurance Company	中法人寿
Huatai Life Insurance Company	华泰人寿
Cathay Life Insurance Company	国泰人寿
Luen Thai insurance （as Metlife now）	联泰大都会
Samsung Air China Life Insurance Company	中航三星人寿
Zhongxin Grand Oriental Persons life Insurance Company	中新大东方人寿

续表

人身险公司（English name of life Insurance Company）	人身险公司（Chinese Name of life Insurance Company）
HSBC Life Insurance	汇丰人寿
King Dragon Life Insurance Company	君龙人寿
Anbang Life Insurance Company	安邦人寿
Taikang Pension Company	泰康养老
China Life Pension Company Limited	中国人寿养老
Changjiang Pension Insurance Insurance Company	长江养老
Haier Newyork Life Insurance Company	海尔纽约人寿
Taiping Pension Insurance Company	太平养老
Oldmutual Life Insurance Company	瑞泰人寿
China Post Life Insurance Company	中邮人寿
Shin Kong – HNA Life Insurance Company	新光海航人寿

2.2 财产保险公司的英文名称、及其中文简称

财产保险公司（English name of P&C Insuranc Company）	财产保险公司（Chinese name of P&C Insuranc Company）
PICC P&C Company Limited	人保股份
China Continent P&C Insurance Company Limited	大地财产
China Export & Credit Insurance Corporation	出口信用
China United P&C Company Limited	中华联合
China Pacific P&C CO., LTD	太平洋财险
Ping An P&C Insurance Company of China	平安财险
Hua Tai P&C Insurance CO., LTD	华泰财险
Tianan P&C Insurance CO., LTD	天安财险
Dazhong Insurance Company	大众保险
Sinosafe P&C Insurance CO., LTD	华安财险
Yongan P&C Insurance CO., LTD	永安财险

续表

财产保险公司（English name of P&C Insuranc Company）	财产保险公司（Chinese name of P&C Insuranc Company）
Taiping General Insurance Company	太平保险
Minan P&C Insurance Company	民安保险
BOC Insurance Company	中银保险
Anxin Agricultural Insurance Company	安信农业
Alltrust Insurance Company	永诚财险
Anbang Insurance Company	安邦财险
Cinda P&C Insurance CO.，LTD	信达财险
Anhua Agricultural Insurance Company Ltd	安华农业
Tianping Auto Insurance Company	天平车险
Sumshine P&C Insurance CO.，LTD	阳光财产
Sunlight Agricultural Mutual Insuranc CO.，LTD	阳光农业
Du－Bang P&C Insurance Company Ltd	都邦财险
Bohai P&C Company	渤海财险
China Huanong P&C Insurance Company Ltd	华农财险
China Life Property & Casualty Insurance Company Ltd	国寿财产
Ancheng P&C Insurance Company Ltd	安诚财险
Chang An Property and Liability Insurance LTD	长安责任保险
Guoyuan Agricultural Insurance Company	国元农业
Dinghe P&C CO.，LTD	鼎和财产
China Coal Insurance CO.，LTD	中煤财产
Yingda Taihe P&C CO.，LTD	英大财产
Zheshang P&C Insurance CO.，LTD	浙商财产
Zking Property&Casualty Insurance	紫金财产
Chartis Insurance Company China Limited	美亚保险
Tokio Marine Nichido Insurance Company	东京海上日动火灾保险
Winterthur Swiss Insurance Company	丰泰保险（亚洲）
Sun Alliance Insurance（China）Limited	太阳联合保险

续表

财产保险公司（English name of P&C Insuranc Company）	财产保险公司（Chinese name of P&C Insuranc Company）
Chubb Insurance Company	丘博保险
Mitsui Sumitomo Insurance（China）CO，LTD	三井住友海上火灾保险（中国）
Samsung Fire & Marine Insurance Company（China），Ltd	三星财险
Allianz China General Insurance Company Ltd	安联财险
Sampo Japan Insurance（China）CO.，LTD	日本财产
Liberty mutual Insurance Company	利宝保险
Groupma Insurance Company	安盟保险
Zurich Insurance Company	苏黎世保险
Hyundai Insurance（China）Company Limited.	现代财产
Generali China Insurance CO.，LTD	中意财产
Aioi Nissay Dowa Insurance（China）Company	爱和谊日生同和财险
Cathay Insurance CO.，LTD	国泰财产
NIPPONKOA INSURANCE CO.，（CHINA）LTD	日本兴亚财险
LIG P&C（China）Company	乐爱金财险
Untrust insurance Co. Ltd	众诚保险
JinTai P&C Insurance Co.，LTD	锦泰财险
Champion P & C Insurance CO.，LTD	诚泰财险
Changjiang P & C Insurance Co.，Ltd	长江财险

参考文献

[1] 方开泰：《实用多元统计分析》，华东师范大学出版社 1986 年版。

[2] 施建祥、赵正堂：“保险企业核心竞争力及其评价指标体系研究”，《现代财经》，2003，(8)。

[3] 石新武：《开放条件下的保险业竞争力》，中国财政经济出版社 2004 年版。

[4] 肖芸茹：“构建优良的评价保险企业的指标体系”，《南开经济研究》，1999，(2)。

[5] 姚壬元：“保险公司竞争力评价指标体系的构建”，《石家庄经济学院学报》，2004，(4)。

[6] 于秀林、任雪松：《多元统计分析》，中国统计出版社 1999 年版。

[7] 21 世纪经济报道、21 世纪研究院金融研究中心联合美国加州大学组成的课题组：“2009 亚洲保险公司竞争力排名研究报告”，http://blog.eastmoney.com/jrgcs/blog_130761191.html。

[8] 王成辉、江生忠：“我国保险业竞争力诊断指标体系及其应用”，《南开经济研究》，2006，(5)。

[9] 黄兰、蔡则洋：“国有商业银行核心竞争力探讨”，《哈尔滨金融高等专科学校学报》，2002 年。

[10] 鲁志勇、于良春：“中国银行竞争力分析与实证研究”，《改革》，2002 年。

[11] 裴光：《中国保险业竞争力研究》，中国金融出版社 2002 年版。

[12] 吕宙：“论中国保险业国际竞争力”，《金融研究》，2003 年。

[13] 孙林、李光金：“基于 DEA 方法的我国保险公司竞争力分析”，《西华大学学报》，2005，(6)。

[14] 胡永紅："基于因子分析的我国人寿保险公司竞争力研究"，首都经贸大学硕士论文，2007年。

[15] 叶欣、薛伟贤："在上海中外资保险公司竞争力排名研究"，《商业研究》，2007，(4)。

[16] 王小平："论人寿保险公司的核心竞争力"，《金融理论与实践》，2006，(1)。

[17] 寇业富、李晓林："寿险公司业务结构的相似性分析及其聚类研究"，《中央财经大学学报》，2009，(2)。

[18] 寇业富："大学生素质评价的模糊聚类分析"，《辽宁师范大学学报（自然科学版）》，2003，(5)。

[19] 江生忠：《入世后提高中国保险业竞争力研究》，中国财政经济出版社2007年版。

[20] 王保进：《多变量分析：统计软件与数据分析》，北京大学出版社2007年版。

[21] 方芳：《中国保险业的对外开放与竞争力分析》，中国金融出版社2005年版，第140~154。

[22] 吴研："跨国公司进入中国市场的模式的演变及影响因素分析"，《黑龙江对外经贸》，2008，(7)。

[23] 孙敬延："跨国公司在中国市场面临的新挑战及营销策略分析"，《中国市场》，2007，(27)。

[24] 熊正德："外资公司对我国保险业的影响以及对策"，《经济理论与实践》，1997，(02)。

[25] 曾五一主编，朱平辉副主编：《统计学》，北京大学出版社2006年版。

[26] 许海洋、汪国安、王万森："模糊聚类分析在数据挖掘中的应用研究"，《计算机工程与应用》，2005年6月。

[27] 赖国毅、陈超：《spss 17.0常用功能与应用实例精讲》，电子工业出版社2011年版。

[28] 潘哲盛："我国新准则背景下的会计稳健性分析"，《中国高新技术企业》，2009，(15)，第127~128页。

[29] 赖小琼、黄智淋："基于动态面板数据的中国菲利普斯曲线稳健性分析"，《当代财经》，2011，(3)，第12~21页。

[30] 陆艳国："回归预测模型的稳健性分析（异常值处理）"，《工程地质计

算机应用》，2005，（3），第 22 ~ 26 页。

[31] 寇业富主编，张宁、陈辉、郑苏晋、周县华副主编：《中国保险公司竞争力评价研究报告（2012）》，中国文史出版社 2012 年版。

[32] 寇业富主编，张宁、陈辉、郑苏晋、周县华副主编：《中国保险公司竞争力评价研究报告（2012）》，中国文史出版社 2011 年版。

[33] Cummins, DJ, S. Tennyson, and MA Weiss. Consolidation and Efficiency in the US Life Insurance Industry. Journal of Banking and Finance, 1999, (23): 325—357.

[34] Cummins, D. & Weiss. Measuring Cost Efficiency in the Property 2 Liability Insurance Industry. Journal of Banking and Finance, 1993, (17): 463—481.

[35] Andrew, M. Yuengert. The Measurement of Efficiency in Life Insurance: Estimatesofa Mixed Normal 2 gamma Error Model. Journal of Banking and Finance, 1993, (17): 483—496.

[36] Cummins, D, MA Weiss, and H. Zi. Organizational Form and Efficiency: An Analysis of Stock and Mutual Property - Liability Insurers. Management Science, 1999, (45): 1254—1269.

后记

本篇报告的写作离不开学校的大力支持和指导，在此对中央财经大学校领导、中国精算研究院院长陈建成教授、保险学院党总支书记兼中国精算研究院副院长李晓林教授以及中国精算研究院的其他领导和老师（徐景峰教授、周明副研究员等）表示衷心的感谢！

报告的完成得益于课题组成员的团结和辛苦工作，课题组成员既有从事保险、精算教育多年的教师，也有具有丰富保险、精算实践经验的业界精英。

课题组主要成员有：

寇业富，经济学博士，副教授；保险数据文献中心主任，中国精算师协会正会员；主要研究方向：保险精算、健康保险、应用数学。

陈辉，经济学博士，助理研究员。主要研究方向：精算学、财务学、风险管理和金融工程。

张宁，理学博士，副研究员；主要研究方向：金融风险管理（数量技术与管理框架）、金融非线性时间序列序列分析以及长寿风险模型。

郑苏晋，经济学博士，副教授；风险管理中心主任，中国精算师协会正会员；主要研究方向：财务精算、风险管理。

周县华，管理学（会计学）博士，副教授；中国寿险精算师，中国非寿险准精算师；主要研究方向：资本市场、保险公司偿付能力、农业保险等。

特别感谢中国精算研究院办公室的欧阳和霞、薛丽娜为本书的出版付出的辛勤劳动。

在大量数据的搜集、整理等工作中，有许多保险、精算专业的研究生和本科生参加了这项工作，他们为报告的完成付出了很多艰辛繁杂的劳动。主要包括：许文璐、高聪、王思淇、吴丹、赵美娟、林媛真、高超、邢炜炜、刘彬、韩成卉、陈珲、黄依琳、雷添乐、王云鹏、杨巨翼、胡跃才、薄正姣、刘晨哲、徐雅静、吴怡、王天硕、项新月、李文松、张晋、张涤非、姚志恒等，在此对他们的付出表示感谢！

虽然我们在指标的设立、信息的搜集整理、模型的探索完善等方面付出了很大努力，但是《中国保险公司竞争力评价研究报告（2013）》中的不足和疏漏之处在所难免，请各位读者不吝赐教，以便进一步修改完善。

联系方式：kouyefu@163.com；（010）62288159－802。

寇业富

2013 年 8 月